Menschenrechte

Campus Einführungen

Herausgegeben von
Thorsten Bonacker (Marburg)
Hans-Martin Lohmann (Frankfurt a. M.)

Matthias Koenig, Dr. phil., ist Hochschulassistent für Soziologie an der Universität Bamberg.

Matthias Koenig

Menschenrechte

Campus Verlag
Frankfurt/New York

Bibliografische Information der Deutschen Bibliothek

Die Deutsche Bibliothek verzeichnet diese Publikation in der Deutschen Nationalbibliografie. Detaillierte bibliografische Daten sind im Internet über http://dnb.ddb.de abrufbar.

ISBN 978-3-593-37186-3

Das Werk einschließlich aller seiner Teile ist urheberrechtlich geschützt.
Jede Verwertung ist ohne Zustimmung des Verlags unzulässig.
Das gilt insbesondere für Vervielfältigungen, Übersetzungen, Mikroverfilmungen und die Einspeicherung und Verarbeitung in elektronischen Systemen.
© 2005 Campus Verlag GmbH, Frankfurt/Main
Umschlaggestaltung: Guido Klütsch, Köln
Satz: TypoForum GmbH, Seelbach
Druck und Bindung: CPI buchbücher.de, Birkach
Gedruckt auf säurefreiem und chlorfrei gebleichtem Papier.
Pri rted i nGermany

Besuchen Sie uns im Internet: www.campus.de

Inhalt

1 **Einleitung** 7

2 **Zur Geschichte der Menschenrechte** 15
   2.1 Ideengeschichtliche Wurzeln der
       Menschenrechte 16
   2.2 Sozialgeschichtliche Kontexte der
       Menschenrechte 26
   2.3 Menschenrechte und Nationalstaat 41

3 **Menschenrechte in der Weltgesellschaft** 52
   3.1 Menschenrechte im modernen Völkerrecht 53
       3.1.1 Die Charta der Vereinten Nationen 54
       3.1.2 Die Allgemeine Erklärung der
            Menschenrechte 60
       3.1.3 Globaler Menschenrechtsschutz 66
       3.1.4 Regionaler Menschenrechtsschutz 80
   3.2 Menschenrechte in der internationalen Politik ... 84
       3.2.1 Internationale Menschenrechtsregime 85
       3.2.2 Multilaterale und bilaterale
            Menschenrechtspolitik 89

3.3 Menschenrechte in der transnationalen
    Zivilgesellschaft 98
    3.3.1 NGOs und die Entwicklung des Völkerrechts 100
    3.3.2 NGOs und internationale Menschenrechts-
          politik 102
3.4 Menschenrechte zwischen Nationalstaat und
    Weltgesellschaft 106

4 Kontroversen im globalen Menschenrechtsdiskurs 113

4.1 Zum Gehalt der Menschenrechte 114

4.2 Zur Begründbarkeit der Menschenrechte 120

4.3 Zur interkulturellen Übersetzbarkeit der
    Menschenrechte 133

5 Ausblick – Zur Ambivalenz der Menschenrechte 142

Anhang:

Die Allgemeine Erklärung der Menschenrechte von 1948 146

Abkürzungen 154

Glossar 156

Literatur 159

1 Einleitung

Die Menschenrechte, wie sie am 10. Dezember 1948 in der *Allgemeinen Erklärung der Menschenrechte* von den Vereinten Nationen proklamiert wurden, sind im 20. Jahrhundert weltweit zu einem zentralen Bezugspunkt politischen Handelns geworden. In westlichen Demokratien bezieht man sich in Konflikten um politische Partizipation, soziale Gerechtigkeit und kulturelle Identität seit langem auf die Idee der Menschenrechte. Ebenso legitimierten die Demokratisierungsbewegungen in Lateinamerika, Ostasien und Osteuropa ihre Forderungen nach einem Ende autoritärer Regime mit Verweis auf die Menschenrechte. Und seit Ende des Kaltes Krieges schließt man, wie jüngst der Irakkrieg zeigt, auch militärische Interventionen als Mittel der Durchsetzung von Demokratie, Menschenrechten und Freiheit nicht mehr aus. Natürlich gibt es weiterhin Völkermord, Folter und andere Formen staatlicher Willkür, aber Menschenrechtsverletzungen und die Missachtung der Menschenwürde werden von einer Vielzahl internationaler Nichtregierungsorganisationen angeprangert, unterliegen hoher medialer Aufmerksamkeit und sind durch die internationale Staatengemeinschaft rechtlich und politisch sanktionierbar. Damit sind die Menschenrechte, die in der Französischen Revolution und der ihr folgenden Epoche der Nationalstaaten als weitgehend deckungsgleich mit Bürgerrechten galten, heute jenseits des Nationalstaats institutionalisiert worden.

Die Idee der Menschenrechte und die rechtlichen, politischen und sozialen Formen ihrer Institutionalisierung haben aber auch eine Reihe von Kontroversen und Konflikten auf sich gezogen. Die Streitpunkte betreffen die Spannung zwischen internationalem Menschenrechtsschutz und staatlicher Souveränität, die Widersprüche einzelner Menschenrechte untereinander, ihre Vereinbarkeit mit dem Prinzip der Demokratie und das Verhältnis des universalistischen Geltungsanspruchs der Menschenrechte zur Vielfalt der Kulturen. Der weltweite Bedeutungszuwachs der Menschenrechte scheint insofern mit einer neuen Unübersichtlichkeit einherzugehen. In dieser Situation Orientierung zu bieten, ist das Anliegen dieser Einführung.

Einen ersten Zugriff auf die vielfältigen Problemlagen im Feld der Menschenrechte gewinnen wir, wenn wir uns zunächst einmal, unabhängig von konkreten Inhalten, die begriffliche Struktur der Menschenrechte vergegenwärtigen. Im Alltagsverständnis bezeichnen Menschenrechte diejenigen Rechte, die alle Menschen aufgrund ihres bloßen Menschseins für sich in Anspruch nehmen dürfen. Dabei gibt es zumeist auch eine intuitive Vorstellung davon, worauf diese Ansprüche gerichtet sind und gegenüber wem sie reklamiert werden können. Als Mensch, so die Überzeugung, soll man das eigene Leben, die Unversehrtheit des eigenen Körpers, die Freiheit des eigenen Gewissens und Ähnliches mehr als Recht gegenüber der Herrschaftsgewalt des Staates für sich beanspruchen können.

Bereits dieses Alltagsverständnis von Menschenrechten deutet darauf hin, dass es sich bei dem Begriff der Menschenrechte, wie bei dem Begriff der Rechte allgemein, um einen relationalen Begriff handelt (vgl. ähnlich Gewirth 1982, S. 2 ff.). »Rechte« bezeichnen eine soziale Beziehung zwischen zwei Akteuren, dem Rechtsträger oder Rechtssubjekt und dem Rechtsadressaten. Kennzeichnend für diese Beziehung ist, dass der

Rechtsträger gegenüber dem Rechtsadressaten einen begründeten subjektiven Anspruch auf ein spezifisches Objekt (Rechtsinhalt) erhebt, der gegebenenfalls auch durchsetzbar ist (Rechtsausübung). Die Besonderheit von **Menschenrechten** im Unterschied zu anderen subjektiven Rechten besteht darin, dass sie allein im Menschsein als solchem begründet sind und als absolute subjektive Rechte gelten. Man könnte das Alltagsverständnis von Menschenrechten daher vorläufig folgendermaßen präzisieren: Menschenrechte bezeichnen Ansprüche auf spezifische Objekte, die Akteure allein kraft ihres Menschseins gegenüber anderen Akteuren erheben und gegebenenfalls auch durchsetzen können.

Diese relationale Begriffsstruktur wirft nun eine Reihe von Fragen auf, aus denen sich die Unübersichtlichkeit im Diskurs über die Menschenrechte erklären lässt. So ist erstens die Klasse der **Rechtsträger** oder Rechtssubjekte weniger eindeutig definiert, als es der Verweis auf den »Menschen« zunächst nahe legt. Wer allgemein als Mensch gilt (auch Sklaven? auch Farbige? auch Frauen? auch Ungeborene? auch Sterbende?), ist historisch und kulturell nicht festgelegt. Allerdings lässt sich in der Vorstellung, wer als Mensch zu gelten habe, durchaus eine allgemeine Entwicklungsrichtung erkennen: Der universalistische Begriff des »Menschen« zielt tendenziell eher auf Ausweitung als auf Begrenzung der Klasse der Rechtsträger von Menschenrechten. Bis heute umstritten bleibt hingegen, ob nur Individuen oder auch Gruppen (wie beispielsweise ethnische Minderheiten oder indigene Völker) Menschenrechte für sich beanspruchen können.

Zweitens ist auch die Klasse der **Rechtsadressaten**, also derjenigen Akteure, denen gegenüber Ansprüche geltend gemacht und denen daher entsprechende, »korrelative« Pflichten zugeschrieben werden, nicht eindeutig definiert. Allgemein stehen die Rechtsadressaten zu den Trägern von Menschenrechten in einer Herrschaftsbeziehung. Ob sich diese auf physische Gewalt, wirtschaftliche Ungleichheit oder andere Formen von Herrschaft stützt, ist allerdings höchst variabel. Historisch waren es zunächst Feudalherren, dann die souveränen Territorialstaaten, gegenüber denen Untertanen Rechte für sich reklamierten. Im Verfassungsstaat gewannen Grundrechte eine Ausstrahlungswirkung auch auf die Beziehungen der Staatsbürger untereinander. Und in jüngster Zeit wird bei Rechtsadressaten von Menschenrechten nicht mehr nur an Staaten, sondern auch an Staatenbünde und transnationale Unternehmen gedacht.

Unsere vorläufige Begriffsbestimmung lässt drittens noch offen, welches die **sanktionierende Autorität ist,** mit deren Hilfe die Rechtsträger als Menschen ihre Ansprüche gegenüber den Rechtsadressaten durchsetzen, ihr Recht also effektiv ausüben können. Einerseits wird man hier an unabhängige Gerichte denken, die in ihrer Rechtsprechung Menschenrechten faktische Geltung verschaffen. Das Verhältnis dieser Gerichte zur staatlichen Herrschaft weist dabei historisch und kulturell beträchtliche Unterschiede auf. In manchen Staaten gibt es eine unabhängige Verfassungsgerichtsbarkeit, in anderen nicht; und während Einzelne sich lange nur an die Gerichte des eigenen Staates wenden konnten, sind im 20. Jahrhundert internationale Gerichtshöfe entstanden, die die Beziehung zwischen Staat und Individuum grundlegend verändern. In all diesen Fällen treten Menschenrechte als legal kodifizierte und justiziable Rechte in Erscheinung. Demgegenüber ist andererseits – und genau hier stößt man auf die eigentümliche Mehrdeutigkeit des Menschenrechtsbegriffs – oft auch dann von Menschenrechten die Rede, wenn die kraft Menschsein erhobenen Ansprüche gerade *nicht* auf Grundlage des faktisch geltenden Rechts einklagbar sind, sondern sich allein auf die Autorität eines moralischen Diskurses stützen. In dieser Hinsicht sind Menschenrechte öffentlich kommunizierte moralische Rechtsansprüche, die in legale und justiziable Rechte erst überführt, also »positiviert« werden *sollen*. Gerade aus dieser Zweideutigkeit von moralischen und legalen Rechten, von Idee und rechtlich-politischer Institutionalisierung gewinnen die Menschenrechte ihre eigentümliche Dynamik und Widersprüchlichkeit.

Worauf aber sollen Menschen als Menschen ein Recht haben, oder anders gefragt: Welches ist der Rechtsinhalt, den der Begriff der Menschenrechte impliziert? Blickt man beispielsweise in die *Allgemeine Erklärung der Menschenrechte* (vgl. Anhang), so sieht man, dass neben Leben, Freiheit und Sicherheit auch Arbeit, gleicher Lohn, Bildung und die Teilhabe am Kulturleben als Rechtsobjekte in Frage kommen. Zur Klassifizierung von Rechten hat sich die juristische Unterscheidung von Abwehr-, Teilhabe- und Anspruchsrechten eingebürgert.[1] Sie bringt zum Ausdruck, dass manche Rechte die Freiheit von, andere die Mitwirkung an und wieder andere Unterstützung durch politische Herrschaft garantieren sollen und damit auf der Seite des Rechtsadressaten unterschiedliche korrelative Pflichten bedingen. Eine ähnliche Stoßrichtung hat die Unterscheidung von »negativer« und »positiver« Freiheit. Im Rahmen der Vereinten Nationen ist auch von drei »Generationen« von Menschenrechten, den bürgerlichen und politischen Erstgenerationsrechten, den ökonomischen, sozialen und kulturellen Zweitgenerationsrechten sowie den Solidaritäts- oder Drittgenerationsrechten die Rede. Wie tragfähig solche Unterscheidungen sind, ist, wie wir sehen werden, umstritten. Den Rechtsinhalt von Menschenrechten können sie nicht abschließend definieren, weil der universalistische Impetus der Menschenrechte eine Entwicklungsdynamik erzeugt, in der von sozialen Bewegungen immer neue Ansprüche formuliert werden.

---

1 Diese Unterscheidung – in lateinischer Terminologie: *status negativus*, *activus* und *positivus* – geht auf den deutschen Verfassungsrechtler Georg Jellinek und seine Konzeption eines Systems subjektiver Rechte zurück (Jellinek 1905). Als vierter Typus werden im juristischen Diskurs gegenwärtig noch die »Verfahrensrechte« genannt.

Gleichwohl ist ihr Rechtsinhalt nicht beliebig, sondern lässt sich dahingehend spezifizieren, dass sich Menschenrechte grundsätzlich auf Freiheit und Autonomie richten. So vielfältig die historischen Erfahrungen von Herrschaft sind, so vielfältig sind auch die als Menschenrechte reklamierten Emanzipationsansprüche.

> Menschenrechte bezeichnen Freiheits- und Autonomieansprüche (Rechtsinhalt), welche Menschen (Rechtsträger) allein kraft ihres Menschseins gegenüber Herrschaftsinstanzen (Rechtsadressaten) mit Rekurs auf sanktionierende legale oder moralische Autoritäten erheben und durchsetzen können.

Die relationale Struktur des Menschenrechtsbegriffs öffnet den Blick auf eine Reihe von Problemen. Auf welche Herrschafts- und Unrechtserfahrungen reagieren Forderungen nach Menschenrechten? Wie wird ihre Legitimität begründet? Wie werden sie institutionalisiert? Und (wie) verändern sie die Herrschaftsbeziehungen zwischen Menschen? All dies sind Fragen, zu denen diese Einführung einen ersten Überblick geben will.

Der Schwerpunkt der Darstellung liegt dabei nicht so sehr auf juristischem Detailwissen über verfassungsrechtlich garantierte Grundrechte und völkerrechtlich kodifizierte Menschenrechte (vgl. Buergenthal 1995; Schilling 2004). Ebenso wenig stehen philosophische Begründungen der Menschenrechte im Mittelpunkt (vgl. Bielefeldt 1998; Brieskorn 1997). Vielmehr soll es darum gehen, Einsichten in die gesellschaftlichen Bedingungen der Menschenrechte, die Formen ihrer Institutionalisierung und ihre Folgen für soziale Beziehungen zu vermitteln. Obwohl natürlich auch juristische und philosophische Fragen zur Sprache kommen müssen, ist die Darstellung im weitesten Sinne *sozialwissenschaftlich* orientiert. Dabei ist nicht intendiert, einen erschöpfenden Überblick über die kaum überschaubare Literatur zu Menschenrechten in der geschichtswissenschaftlichen, soziologischen, politologischen und ethnologischen Forschung zu geben. Ebensowenig wird der Anspruch erhoben, eine eigene Theorie der Menschenrechte vorzustellen. Vielmehr soll es darum gehen, die Leserinnen und Leser für die gesellschaftlichen Kontexte der Entstehung und Entwicklung von Idee und institutioneller Wirklichkeit der Menschenrechte in der Moderne zu sensibilisieren und ihnen dadurch zu ermöglichen, sich ein selbstständiges und kritisches Urteil über einen der wohl wichtigsten Schlüsselbegriffe der Gegenwart zu bilden.

Neben ihrer sozialwissenschaftlichen Ausrichtung, das ist ebenfalls gleich eingangs zu betonen, legt diese Einführung einen Schwerpunkt auf die Institutionalisierung der Menschenrechte in der *Weltgesellschaft*. Die enge Kopplung von Menschenrechten und Staatsbürgerschaft im klassischen nationalen Verfassungsstaat, die das philosophische Nachdenken über Menschenrechte seit der europäischen Neuzeit bis heute prägt, ist durch die Internationalisierung der Menschenrechte im 20. Jahrhundert gelockert worden. Menschenrechte sind zu einer Angelegenheit des Völkerrechts, internationaler Politik und transnationaler Nichtregierungsorganisationen geworden. Auf diesen Wandel der institutionellen Formen von Menschenrechten aufmerksam zu machen, ist ein wesentliches Anliegen dieser Einführung. In gebotener Kürze werden daher zunächst die ideengeschichtlichen Wurzeln der Menschenrechte dargestellt und die sozialgeschichtlichen Stationen ihrer politisch-rechtlichen Institutionalisierung im europäischen Nationalstaat skizziert (Kapitel 2). Ausführlicher wird sodann auf rechtliche, politische und zivilgesellschaftliche Aspekte der weltgesellschaftlichen Institutionalisierung der Menschenrechte im 20. Jahrhundert eingegangen (Kapitel 3). Vor diesem Hintergrund werden aktuelle Kontroversen um den Gehalt, die Begründbarkeit und die interkulturelle Übersetzbarkeit der Menschenrechte aufgegriffen (Kapitel 4), um abschließend zu diskutieren, inwieweit die Menschenrechte, wie der ehemalige Generalsekretär der Vereinten Nationen, Boutros Boutros-Ghali, einmal formulierte, als »gemeinsame Sprache der Menschheit« gelten können – und ob dies tatsächlich eine emanzipatorische Sprache ist (Kapitel 5).

2 Zur Geschichte der Menschenrechte

> Klassische Vorstellungen von Menschenrechten, die von Philosophen wie Locke, Rousseau und Kant formuliert und systematisiert wurden, haben bis heute unser politisches Vokabular und mit ihm das Repertoire unserer politischen Handlungsmöglichkeiten geprägt. Gleichzeitig reflektieren sie strukturelle Veränderungen von Herrschaftsbeziehungen, in deren Folge Menschenrechte als Bürgerrechte institutionalisiert wurden. Die Vergewisserung über die geschichtlichen Wurzeln der Menschenrechte muss daher stets beides im Blick haben: die ideen- und die sozialgeschichtliche Dimension. In beiden zeigt sich, dass Menschenrechte ein Ergebnis der revolutionären Durchbrüche zur europäischen Moderne sind. Es wird aber ferner auch deutlich, dass das Projekt der Moderne mit dem Nationalstaat in Europa eine institutionelle Form annahm, in deren Folge der universalistische Geltungsanspruch der Menschenrechte zunächst nur teilweise eingelöst wurde.

2.1 Ideengeschichtliche Wurzeln der Menschenrechte

Einleitend wurde bereits konstatiert, dass dem Begriff der Menschenrechte eine Spannung zwischen Moral und Recht innewohnt. Menschenrechte bezeichnen Ansprüche, die im faktisch geltenden Recht zu verankern sind, deren Legitimität aber in einer höheren normativen Ordnung begründet ist. In ideengeschichtlicher Perspektive ist daher zunächst nach dem Ursprung jener uns vertrauten Vorstellung zu fragen, geltendes Recht könne überhaupt im Lichte moralischer Prinzipien kritisiert werden. Man stößt dabei auf die Zivilisationen der Achsenzeit, die im ersten Jahrtausend vor unserer Zeitrechnung entstanden sind.[1] In diesen Zivilisationen, die im Wesentlichen auf den großen Weltreligionen basieren, wurden Vorstellungen einer metaphysischen und moralischen Ordnung entwickelt, die der vorgefundenen sozialen Wirklichkeit gegenübergestellt wurde. Formuliert und begründet wurden diese kulturellen Ideen, die sich deutlich von älteren, mythischen Weltbildern unterscheiden, von einer neuen sozialen Schicht der Priester, Propheten oder Intellektuellen. Die damit entstandene Spannung zwischen überirdischer und irdischer, transzendenter und weltlicher Ordnung findet sich in unterschiedlichen Varianten im Konfuzianismus, Hinduismus, Buddhismus, Judentum, Christentum und Islam sowie in der antiken Philosophie.

---

1 Der Begriff der Achsenzeit geht auf die Geschichtsphilosophie Karl Jaspers' zurück und diente in den vergangenen Jahrzehnten als Ausgangspunkt einer interdisziplinär angelegten historisch-komparativen Zivilisationsforschung in der Tradition des Soziologen Max Weber. In seinem Aufsatz »Human Rights in Comparative Perspective« (in: Eide/Hagtvet 1992, S. 93–112) hat Shmuel N. Eisenstadt, der wichtigste Vertreter dieser Forschungsrichtung, die Idee der Menschenrechte in diesem Rahmen erläutert; vgl. auch Eisenstadt 2000.

Überall resultierte sie in einem neuen Selbstverständnis des Menschen, nach dem die menschliche Existenz aus Sicht einer transzendenten Ordnung gedeutet wurde. Sie resultierte aber auch in neuen Formen der Legitimation von Herrschaft; den politischen Herrscher sah man nunmehr in der Pflicht, Rechenschaft gegenüber der Ordnung der Natur, des Himmels, der Götter oder Gottes abzulegen. Herrschaft und geltendes Recht lassen sich seit den Achsenzeitzivilisationen daher auf der Grundlage transzendenter Prinzipien der Gerechtigkeit kritisieren.

Für die europäische Geschichte der Menschenrechtsidee war insbesondere die in der griechischen und römischen Antike formulierte und im Christentum weiterentwickelte Unterscheidung zwischen Naturrecht und positiven Gesetzen einflussreich (vgl. Oestreich 1968, S. 15–24). Griechische Philosophen der Sophistik im fünften vorchristlichen Jahrhundert argumentierten, alle Menschen seien von Natur aus gleich, und Gesetze, die diese Gleichheit einschränkten, wie zum Beispiel die Sklaverei, widersprächen der Natur. Andere Sophisten rechtfertigten allerdings die praktizierte Sklaverei, indem sie eine natürliche Ungleichheit zwischen den Menschen, insbesondere zwischen Hellenen und Barbaren, postulierten. In beiden Fällen wurde das geltende Recht anhand eines höheren, »natürlichen« Rechts kritisiert oder legitimiert. Auch Plato und Aristoteles gingen, jeweils auf ihre Weise, von einer allgemeinen Natur des Menschen aus, deren Verwirklichung das gesetzlich verfasste Gemeinwesen (*polis*) dienen solle. Es war aber vor allem die mit den Namen Cicero, Seneca und Epiktet verbundene jüngere römische Stoa (etwa 100 v.–100 n. Chr.), in der die Idee einer natürlichen Gleichheit der Menschen formuliert und als Bestandteil eines universal geltenden **Naturrechts** (*lex naturae*) gesehen wurde. Teilweise wurde diese Idee auch der römischen Rechtspraxis zugrunde gelegt; in den *Institutiones*, dem dritten Teil des auf den oströmischen Kaiser Justinian I. (527–565) zurückgehenden *Corpus Iuris Civilis*, trifft man sogar auf die Vorstellung, alle Menschen seien frei geboren. Stoisches Gedankengut wurde im spätantiken Christentum mit dem biblischen Gedanken der Gottesebenbildlichkeit (*imago Dei*) des Menschen verschmolzen und im Mittelalter von scholastischen Theologen (Thomas von Aquin) zur Idee der Würde des Menschen weiterentwickelt. Die Juristen der mittelalterlichen Kirche systematisierten die klassische Naturrechtslehre und leiteten aus dem römisch-rechtlichen Begriff des Eigentums (*dominium*) erstmals den Begriff eines subjektiven Rechts (*ius*) ab (vgl. dazu Tuck 1979, S. 5–31). Vor diesem Hintergrund konnte im frühneuzeitlichen Europa die Idee formuliert werden, der Mensch besitze von Natur aus bestimmte subjektive Rechte.

Im Rahmen der Achsenzeitzivilisationen, so können wir festhalten, entwickelten sich neue Legitimationsgrundlagen politischer Herrschaft. Auf Macht und Gewalt gegründete Herrschaftsbeziehungen wurden mit Ideen einer höheren Gerechtigkeit konfrontiert, gleich ob diese als göttlich offenbart, natürlich gegeben oder vernünftig zu erkennen gedacht wurde. Den europäischen Diskurs der Menschenrechte hat dabei insbesondere das naturrechtliche Denken der griechischen und römischen Antike und des Christentums geprägt. Die durch das Auseinandertreten von idealer und realer Ordnung eröffnete Möglichkeit der Herrschaftskritik war aber auch nichteuropäischen Achsenzeitkulturen zugänglich. So war der chinesische Kaiser nach konfuzianischer Lehre Repräsentant der himmlischen Ordnung und dieser gegenüber rechenschaftspflichtig, sodass gegen tyrannische Herrschaftsausübung Widerstand ausgeübt werden durfte und musste. Ähnlich begrenzte auch im Islam das göttliche Recht (*shari'a*) die willkürliche Gewalt politischer Herrscher. Es ist diese kulturelle Tiefengrammatik, die erklärt, dass die erstmals in Europa formulierte Menschenrechtsidee später auch außerhalb Europas anschlussfähig war, dort aber spezifische Umdeutungen erfahren hat (vgl. dazu 4.3.).

Die eigentliche Geburtsstunde der Idee angeborener und positiv-rechtlich zu schützender Menschenrechte ist aber mit den revolutionären Durchbrüchen zur Moderne verbunden, die in Europa und Nordamerika im 16.–18. Jahrhundert aus innerchristlichen Protestbewegungen heraus entstanden sind. In ihnen wurde christliches und antikes Gedankengut neu formuliert und radikalisiert. Die Individualisierung des Menschenbildes seit Renaissance und Humanismus (vgl. klassisch Pico della Mirandola 1496, dt. 1988), die Spaltung der westlichen Christenheit durch die Reformation, der allmähliche Aufstieg des naturwissenschaftlichen Weltbildes und schließlich die Aufklärung trugen dabei wesentlich zu einem Wandel der Legitimationsgrundlagen politischer Herrschaft bei. Herrschaft konnte nicht mehr durch Verweis auf einen göttlichen oder natürlichen Auftrag legitimiert, sondern musste innerweltlich begründet werden. Auch die Gestaltung zwischenstaatlicher Beziehungen wurde von den Begründern des Völkerrechts (*ius inter gentes*) – Francisco de Vitoria, Francisco Suárez und vor allem Hugo Grotius – ansatzweise von theologischen Prämissen gelöst und auf eine eigene Grundlage gestellt. Entscheidend war, dass man Herrschaft nicht mehr auf qualitative Unterschiede zwischen den Menschen zurückführen konnte, sondern vielmehr aus den freien Willensakten gleicher Individuen ableiten musste.

Vor dem Hintergrund des naturrechtlichen Traditionsbestandes nahmen Legitimationsformeln von Herrschaft in der frühen europäischen Neuzeit daher zunehmend die Form von Vertragstheorien an (vgl. König 1994). Die zunächst einflussreichste vertragstheoretische Konzeption stammt von **Thomas Hobbes** (1588–1679). Unter dem Eindruck der Religionskriege auf dem europäischen Kontinent und der im Bürgerkrieg mündenden Auseinandersetzung zwischen englischem König und Parlament versuchte Hobbes in seiner Schrift *De Cive* (1647) die Grundprinzipien einer stabilen politischen Herrschaftsordnung zu begründen. In seinem Hauptwerk, dem *Leviathan* (1651 bzw. 1658), entwickelte er sie zu einer umfassenden Staatstheorie weiter.

Die anthropologischen Prämissen von Hobbes' Argumentation sind die natürliche Freiheit des Menschen und seine grundsätzlich egoistische Natur. Er geht davon aus, dass der Mensch im Naturzustand sowohl äußere Bewegungsfreiheit als auch innere Willensfreiheit besitze und daher über ein natürliches Recht auf alles verfüge. Alles sei erlaubt, was vernünftigerweise der individuellen Selbsterhaltung diene. Das egoistische Interesse der Individuen an maximaler Machtsteigerung führe jedoch zu einer Situation permanenter Konkurrenz und Bedrohung, die schließlich in einem Krieg aller gegen alle münde. Einen Ausweg aus dieser von Furcht und Misstrauen geprägten Situation sieht Hobbes darin, dass die Menschen, dem Ratschlag der Vernunft folgend, die natürlichen Gesetze achteten, Frieden suchten und ihr natürliches Recht auf alles in einem Einigungsvertrag einander wechselseitig übertrügen (vgl. Hobbes 1966, S. 99 ff.). Die Einhaltung dieses Vertrages lasse sich allerdings nur dann erzwingen, wenn sich die Menschen zusätzlich einem Souverän unterwürfen, der Sicherheit und damit ein Höchstmaß an bürgerlicher Freiheit für alle garantieren könne. Die dadurch entstandene künstliche Person sei der Staat (ebd., S. 134 f.).[2] Der Souverän selbst ist nach Hobbes nicht an den Gesellschaftsvertrag gebunden, sondern verfügt über das Monopol der Gewaltausübung und kann um der Sicherheit willen einzelne Rechte per Gesetz entziehen. Das entscheidende Kennzeichen des Gesellschaftszustandes ist für Hobbes also,

---

2 Eine Abbildung der künstlichen Person des Staates findet sich im Titelemblem des *Leviathan*; der Körper des Königs setzt sich in diesem Meisterwerk politischer Ikonographie aus Hunderten einzelner Menschen zusammen und erhebt sich, Schwert und Bischofsstab als die Symbole von politischer und kirchlicher Macht schwingend, über Stadt und Land.

unabhängig von der Regierungsform, die absolute Souveränität des Staates. Sie manifestiert sich beispielsweise auch darin, dass der christliche Staat die äußeren dogmatischen und kultischen Formen des von allen Bürgern einzuhaltenden Gottesdienstes festzulegen habe. Die natürlichen Freiheiten des Menschen sind damit durch den Souverän aufhebbar. Nur am Körper des Individuums findet dessen legitime Herrschaft eine nicht zu überschreitende Grenze – worin sich eine frühe Fassung des fundamentalen Rechts auf körperliche Unversehrtheit erkennen lässt.

Hobbes' ordnungstheoretische Konzeption, insbesondere seine vertragstheoretische Begründung von Staatlichkeit, stellte den Hintergrund für die Idee natürlicher und positiv-rechtlich zu garantierender Rechte dar, die etwa eine Generation später im Zeichen der Frühaufklärung in England, aber auch in Deutschland (Pufendorf, Thomasius, Wolff) formuliert wurde. Die vertragstheoretische Konzeption des Übergangs aus dem herrschaftslosen Naturzustand in den rechtsförmigen Gesellschaftszustand gewann dabei aber eine neue Stoßrichtung. Dezidiert wurde nunmehr gegen die absolute Monarchie Front bezogen. Prominentester Vertreter der politischen Philosophie der Aufklärung war John Locke (1632–1704). Als Geschöpfe Gottes seien alle Individuen, so Locke in seinem *Second Treatise of Government* (1689), im Naturzustand frei und gleich. Um ihrer Selbsterhaltung willen verfügten sie über natürliche Rechte, einerseits das Recht auf Leben, Freiheit und Besitz (*life, liberty, estate*), andererseits das Recht auf die Anwendung von richterlicher Gewalt in eigener Sache. Im Gesellschaftsvertrag übertrügen die Individuen zwar ihr Recht, in eigener Sache richterliche Gewalt auszuüben, auf das Gemeinwesen, sie behielten aber ihre drei Grundrechte auf Leben, Freiheit und Besitz, blieben bei Eintritt in den Staat also mündig. Durch diese drei Grundrechte werde die Macht des Leviathans deutlich eingeschränkt. Es sei gerade der Zweck des Staates, den

Erhalt von Leben und Freiheit, vor allem auch des Privateigentums, durch Gesetze zu sichern.

Die Rezeptionsgeschichte des zunächst anonym veröffentlichten *Second Treatise* zeigt, dass Locke für die **liberale** Tradition des Menschenrechtsdiskurses eine prominente Stellung einnimmt. Dass »die Menschen von Natur aus alle frei, gleich und unabhängig (sind)« (Locke 1977, S. 260), ist nur eine von Lockes Formulierungen, die in späteren Menschenrechtserklärungen direkt aufgegriffen wurden. Besonders folgenreich war seine Begründung des Rechts auf Eigentum, die Letzteres aus der Aneignung von Naturgegenständen durch eigene Arbeit herleitet. Lockes Naturzustand, in dem bereits Geld- und Marktwirtschaft entwickelt sind, nimmt insofern die Gestalt einer bürgerlichen Gesellschaft an, die durch den liberalen Staat lediglich zu sichern ist. Mit dem Gedanken, die Freiheit und Gleichheit aller müssten durch Gewaltenteilung, also durch die gegenseitige Kontrolle der durch Wahlen gebildeten und nach dem Mehrheitsprinzip abstimmenden Legislative, der Exekutive und der Judikative garantiert werden, formuliert Locke ein Grundprinzip neuzeitlicher Verfassungsstaaten, das durch das Widerstandsrecht für den Fall der Abschaffung der Gewaltenteilung noch unterstrichen wird. Auch Lockes Plädoyer gegen die Sklaverei fand ein breites Echo, vor allem in der zu Beginn des 19. Jahrhunderts in Großbritannien entstandenen Anti-Sklaverei-Bewegung.

Gilt Locke als Begründer der liberalen Tradition des Menschenrechtsdiskurses, so gründet sich die **republikanische** Tradition auf die im Kontext der französischen Aufklärung stehende politische Philosophie von **Jean-Jacques Rousseau** (1712–1778). Auch er konzipiert in seinem Hauptwerk *Du contrat social* (1762) zunächst einen hypothetischen Naturzustand, in dem die Menschen, frei geboren, über das Recht auf Selbsterhaltung verfügen. Anders als Hobbes sieht Rousseau den natürlichen Menschen jedoch als selbstgenügsam und friedfertig an.

Erst wenn in ihm der latent vorhandene Wunsch nach Vervollkommnung geweckt werde, beginne eine dekadente Entwicklung, die zur Entstehung von Eigentum, Ungleichheit und Gewaltherrschaft führe. Aus ihr könnten die Menschen nur durch den Akt eines Gesellschaftsvertrages heraustreten, in welchen sie ihre egoistische Natur überwänden und vom Bourgeois zum Citoyen, vom Besitzbürger zum Staatsbürger würden. Im Einigungsvertrag entäußerten sich die Individuen dazu vollständig aller ihrer natürlichen Rechte und Freiheiten und bildeten einen gemeinsamen Willen (*volonté générale*). Der Gemeinwille basiere nicht allein auf der faktischen Zustimmung aller (*volonté de tous*), sondern sei prinzipiell oberhalb der Ebene individueller Einzelinteressen angesiedelt. Es könne daher keine politischen Interessenvertretungen und mithin auch keine Repräsentation des souveränen Volkes geben. »Souveränität, da sie nichts anderes ist als die Ausübung des Gemeinwillens, (kann) niemals veräußert werden« (Rousseau 1977, S. 27). Vom Volkssouverän erhalten die Individuen die Rechte und Freiheiten, derer sie sich entäußert haben, zwar rückerstattet. An eine rechtliche Begrenzung dieser demokratischen Souveränität ist jedoch im Unterschied zu Locke nicht gedacht. Für die Regierung sieht Rousseau eine lediglich schwache Gewaltenteilung zwischen Legislative und Exekutive vor, eine unabhängige Judikative ist ihm jedoch fremd. Rousseau formuliert also kein formales Rechtsprinzip, sondern bindet die Gesetzgebung aller über alle, durch die sich Freiheit und Gleichheit realisieren, an die Existenz eines vergleichsweise homogenen politischen Körpers, wobei ihm wohl die Verhältnisse seiner calvinistischen Heimatstadt Genf vor Augen standen. In sozialer Hinsicht bildet sich dieser politische Körper durch die Erziehung des Menschen zu einem aktiven Staatsbürger; in symbolischer Hinsicht wird er durch eine »Zivilreligion« (*religion civile*), also durch überkonfessionelle Symbole und Riten bürgerlichen Zusammenlebens, legitimiert.

Während die Vertragstheorien von Hobbes, Locke und Rousseau die Rechte und Freiheiten des Menschen noch in einer natürlichen Anthropologie fundiert sahen, war es **Immanuel Kant** (1724–1804), der eine strikt vernunftrechtliche Begründung der Menschenrechte auf der Basis der **Menschenwürde** formulierte. Allgemein versuchte Kant die Aufklärung zu radikalisieren, indem er die Grenzen der Vernunft selbstkritisch reflektierte. Während seine Begründung der Naturwissenschaft die Determiniertheit der objektiven Welt durch Naturgesetze unterstellt, setzt seine Begründung von Normativität – zuerst in der *Kritik der praktischen Vernunft* (1788) dargelegt – die Freiheit des Handelnden in der sozialen Welt voraus. Unter den Bedingungen der Freiheit kann der verpflichtende Charakter von Regeln, so Kant in seiner *Grundlegung zur Metaphysik der Sitten und des Rechts* (1785), nur als Autonomie beziehungsweise als Selbstgesetzgebung gedacht werden. Kants kategorischer Imperativ, derjenigen Maxime gemäß zu handeln, von der man wollen kann, dass sie allgemeines Gesetz werde, bringt das Grundprinzip dieser Selbstgesetzgebung deutlich zum Ausdruck. In der Formulierung des praktischen Imperativs präzisiert Kant diese Maxime als Gebot der Achtung der Menschenwürde: »Handle so, dass du die Menschheit sowohl in deiner Person, als in der Person eines jeden andern jederzeit zugleich als Zweck, niemals bloß als Mittel brauchest« (Kant 1968, IV, S. 429).

Es ist aber nicht nur die Moralität, also das aus innerem Antrieb erfolgende Handeln, das Kant in den Prinzipien von Freiheit und Vernunft verankert, sondern, wie er in seiner *Metaphysik der Sitten* (1797) ausführt, auch die Legalität, also die unter Sanktionsandrohung stehende Regelbefolgung. Die formalen und abstrakten Elemente einer »Freiheitsgesetzgebung«, in der die Übereinstimmung eines jeden mit der Freiheit eines anderen garantiert wird, müssen daher sowohl für den Bereich des Privatrechts (Eigentum, Vertrag, Hausrecht) als auch den des öffentlichen Rechts (Staats-, Völker-, Weltbürgerrecht) gelten. Die Menschenrechte, genauer: *ein* grundlegendes Menschenrecht, leitet Kant direkt aus dem Konstruktionsprinzip dieser Rechtsordnung ab: Die »Freiheit (Unabhängigkeit von eines anderen nötigender Willkür), sofern sie mit jedes anderen Freiheit nach einem allgemeinen Gesetz zusammen bestehen kann, ist dieses einzige, ursprüngliche, jedem Menschen kraft seiner Menschheit zustehende Recht« (Kant 1968, VI, S. 237). Dies Menschenrecht impliziert die angeborene Gleichheit der Menschen und stellt die Basis weiterer, erworbener positiver Rechte dar. Um des grundlegenden Menschenrechts willen plädiert Kant für eine republikanische Verfassung mit Gewaltenteilung. In seiner Schrift *Zum ewigen Frieden* (1795) entwickelt er darüber hinaus die Utopie einer Friedensordnung, deren Elemente ein republikanisches Staatsbürgerrecht, ein föderalistisches Völkerrecht und ein Weltbürgerrecht sind, das allerdings auf ein allgemeines Besuchsrecht in fremden Staaten reduziert bleibt. Kants Begründung der Menschenrechte wirkt bis in die gegenwärtige politische Philosophie nach (Bielefeld 1998; Habermas 1992 und 1996), und seine Konzeption eines Völkerbundes, die bereits zeitgenössische Vorbilder hatte (Abbé St. Pierre, Rousseau), sollte noch einhundert Jahre später eine beachtliche Rezeption erfahren.

Die in diesem knappen ideengeschichtlichen Überblick genannten philosophischen Konzeptionen der Menschenrechte sind im Laufe der Zeit zum Bestandteil unserer politisch-rechtlichen Sprache geworden. Manche der Formulierungen haben sogar direkt Eingang in die Kataloge der großen Menschenrechtserklärungen gefunden, und immer wieder wird in Debatten um Gehalt und Begründung von Menschenrechten auf jene Argumentationsfiguren Bezug genommen (vgl. 4.1. und 4.2.). Auch in ihrer eigenen Zeit haben sie alle auf ihre Weise jeweils aktuelle Verfassungskontroversen geprägt; aus der Feder von Locke stammt sogar ein bemerkenswert liberaler Verfassungsentwurf für die britische Kolonie North Carolina – der allerdings Sklaverei und Leibeigenschaft für weiterhin rechtmäßig erklärte. Dennoch wäre es irreführend zu meinen, die Ideen von Hobbes, Locke, Rousseau und Kant seien alleine bereits die historisch treibenden Kräfte der Institutionalisierung von Menschenrechten in Europa gewesen. In gewisser Weise reflektieren sie lediglich bereits vollzogene Veränderungen von Herrschaftsbeziehungen. Erst in Kombination mit den besonderen sozialstrukturellen Konstellationen der europäischen Neuzeit haben jene philosophischen Diskurse ihre Wirkung entfalten können, indem sie durch ihre prägnanten Begriffsbildungen die Wahrnehmungen und das Handeln politischer Akteure beeinflussten. Die entscheidenden sozialgeschichtlichen Kontexte für die Institutionalisierung von Menschenrechte waren dabei der allmähliche Zerfall feudaler Herrschaftsformen und der Aufstieg souveräner Territorial- und Nationalstaaten.

2.2 Sozialgeschichtliche Kontexte der Menschenrechte

Die Historiographie der Menschenrechte hat sich lange auf die Französische Revolution und die in ihr formulierten Menschenrechtserklärungen konzentriert. Bei aller Dramatik der Ereignisse stellt die französische Menschenrechtserklärung von 1789 aber nur eine von vielen Etappen der rechtlich-politischen Institutionalisierung von Menschenrechten in der europäischen Neuzeit dar. Sozialgeschichtlich lassen sich durchaus verschiedene Kontexte der institutionellen Verankerung der Menschenrechte erkennen. Diese resultierte stets aus Konflikten mit der souveränen Staatsgewalt (vgl. Reinhard 1999, S. 291) und war somit von jeweils spezifischen Herrschafts- und Unrechtserfahrungen motiviert (a). Allerdings war es vor allem der revolutionäre Durchbruch zur politischen Moderne im absolutistischen Frankreich, der im 19. Jahrhundert zum zentralen Bezugspunkt sowohl für Verfechter als auch für Kritiker von Menschen- und Bürgerrechten wurde (b) und unter dessen Eindruck sich zunächst auch die zögerliche Institutionalisierung von Grundrechten in Deutschland vollzog (c).

Wichtige historische Erklärungen von Freiheiten und Rechten

1215 Magna Charta Libertatum (England)
1628 Petition of Rights (England)
1679 Habeas Corpus Act (England)
1689 Bill of Rights (England)
1776 Virginia Bill of Rights (Nordamerika)
1776 Declaration of Independence (Nordamerika)
1789 Déclaration des droits de l'homme et du citoyen (Frankreich)
1791 Constitution of the USA – Bill of Rights (Nordamerika)
1848 Grundrechte des deutschen Volkes (Deutschland)
1949 Grundgesetz der Bundesrepublik Deutschland

(ad a) Bereits seit dem Mittelalter veränderten sich in Europa die Machtbeziehungen zwischen Königen, Adel, Kirche, Bürgern und Bauern durch die Garantien **ständischer Freiheitsrechte**. Es handelte sich dabei grundsätzlich um Herrschaftsverträge, in denen nicht einzelnen Individuen, sondern korporativ verfassten Ständen Freiheiten seitens des Königs oder Fürsten zugesichert wurden. Das bekannteste Beispiel dafür ist die *Magna Charta Libertatum* (1215), in welcher der englische König der Kirche, den Grafen und Baronen und anderen freien

Männern eine Reihe von Freiheiten und Rechtssicherheiten, vor allem Schutz vor ungesetzlicher Verhaftung oder Bestrafung, gewährte. Eine Besonderheit der englischen Rechtsgeschichte ist in diesem Zusammenhang die Tradition des Gewohnheitsrechts (*common law*), dank derer die Gerichte eine eigenständige Rolle bei der Verfassungsentwicklung spielten und damit zu einem weitgehend unabhängigen Gegengewicht zur sich ausweitenden Macht des Monarchen wurden. Auf diese Tradition stützten sich auch die Errungenschaften des englischen Parlaments als des obersten Gerichts. Im Konflikt mit dem König konnte es in der *Petition of Rights* (1628) und später in der *Habeas-Corpus-Akte* (1679) Freiheiten vor willkürlicher Besteuerung und Verhaftung durchsetzen, und nach der »Glorious Revolution« erkämpfte es in der *Bill of Rights* (1689) seine eigene Souveränität und etablierte damit – zeitgleich zu Lockes *Second Treatise* – das Prinzip der Gewaltenteilung zwischen Exekutive und Legislative.

Ähnliche ständische Freiheitsrechte wurden auch auf dem Kontinent festgehalten, etwa in der ungarischen *Goldenen Bulle* (1222), in der *Confirmatio fororum et libertatum* im spanischen Aragon (1283) oder in den Bayerischen Freiheitsbriefen und Landesfreiheitserklärungen seit 1311. Vor allem wurden ständische Freiheitsprivilegien in den Städten, im deutschen Raum zumal in den Reichsstädten, einigen landesfürstlichen Städten und den Hansestädten, erkämpft. Zunächst bildeten die Stadtbürger gemeinsam mit den Bauern einen eigenen, den später so genannten »Dritten Stand«; ihr Status war im Rahmen der mittelalterlichen Grundherrschaft daher der von »Eigenleuten« eines adeligen oder geistlichen »Herren«. Den Bürgern einiger Städte, insbesondere in Mittel- und Norditalien, aber auch in Frankreich und Deutschland, gelang es nun aber zunehmend, aus der »Eigenschaft« in die »Freiheit« entlassen zu werden. Die Städte wurden damit, wie Max Weber (1980, S. 727–814) hervorgehoben hat, zum Ausgangspunkt der Entwicklung von politischer Autonomie und Bürgerrechten.

Aufgrund der wirtschaftlichen Bedeutung der Städte und des immensen Anstiegs der Stadtbevölkerung strahlte das damals entstehende bürgerliche Freiheitsbewusstsein auch auf die Landbevölkerung aus (vgl. im Folgenden Blickle 2003). Die Erlangung von Stadtbürgerrechten und Freiheit war ein konstantes Motiv der Landflucht seit dem 14. Jahrhundert (»Stadtluft macht frei«), und bis ins Zeitalter der Reformation wurde »Freiheit« zur zentralen Forderung der Bauern, die teils gegen die Landesfürsten durch Rebellion durchgesetzt, teils erkauft wurde. Seitens der Herren wurde auf diese Entwicklung durch die Einführung von »Leibeigenschaft« und die Territorialisierung von »Herrschaft« reagiert. Deren Folgen wiederum wurden als »Sklaverei« und als Verletzung von »Menschenrechten« gedeutet, und man reklamierte dagegen Ehefreiheit und Freizügigkeit (Freiheit), freie Bestimmung der Arbeit und des Arbeitsertrags (Eigentum) und Beteiligung am politischen und rechtlichen Leben (Bürgerrechte). In der Gestalt des Landrechts und des öffentlichen Rechts der territorialen Staaten wurden diese Forderungen bis ins 19. Jahrhundert sukzessive institutionalisiert.

Die Institutionalisierung von Menschenrechten vollzog sich also, wie die Geschichte ständischer Freiheitsrechte zeigt, im Spannungsfeld von Herrschaftserfahrung, Freiheitsforderung und Verrechtlichung. Es ist die im innereuropäischen Vergleich besonders drastische Machtsteigerung des absolutistischen Staates in Frankreich, aufgrund derer Freiheitsforderungen dort eine revolutionäre Gestalt annahmen. Die Erfahrung eklatanten Unrechts wird reflektiert im berühmten Eingangssatz von Rousseaus *Du contrat social*: »Der Mensch ist frei geboren, und überall liegt er in Ketten« (Rousseau 1977, S. 5). Zwar konnte der Dritte Stand gegenüber der Feudalordnung im Konflikt mit dem König einige Grundrechte (*droits fondamentaux*) durchsetzen, darunter auch das Recht auf Arbeit (1776). Letztlich ließen sich die Freiheitsforderungen aber nicht mehr im Rahmen der bestehenden Herrschafts- und Rechtsordnung verwirklichen, sondern mündeten, zumal aufgrund der eklatanten Verarmung der Bauern, in eine Revolution.

Doch bevor wir diese Zusammenhänge näher in den Blick nehmen, muss ein anderes, nicht weniger revolutionäres Motiv der Institutionalisierung von Menschenrechten erwähnt werden, nämlich der religiöse Widerstand gegen die staatliche Verordnung konfessioneller Zugehörigkeit. Aus den nachreformatorischen Bürger- und Religionskriegen war das Prinzip *cuius regio, eius religio* hervorgegangen, dem zufolge der Landesherr das Recht zur souveränen Entscheidung der Landeskonfession (*ius reformandi*) besaß, während den Untertanen ein religiöses Auswanderungsrecht (*ius emigrandi*) zugestanden wurde. Auf diesem Prinzip basierte die Einrichtung von Staatskirchen, die im konfessionellen Zeitalter (16.–18. Jahrhundert) für die Form frühmoderner Staatlichkeit prägend waren. Gegenüber dem staatlichen Religionsbestimmungsrecht entstanden indessen zunehmend Forderungen nach Toleranz (vgl. etwa Locke 1689, dt. 1957). Vor allem die puritanischen Sekten in England formulierten in diesem Zusammenhang erste Menschenrechtskataloge, wenn auch ohne großen Erfolg. Erst in den nordamerikanischen Kolonien, in die viele der Puritaner emigriert waren, kam dieses Motiv auch institutionell zum Tragen.

In der Historiographie der Menschenrechte stellte diesen Punkt erstmals der deutsche Verfassungsrechtler Georg Jellinek in den Vordergrund. In seiner 1895 erschienenen und zeitgenössisch höchst einflussreichen Schrift *Die Erklärung der Menschen- und Bürgerrechte* (in Schnur 1974, S. 1–77) widersprach er der im späten 19. Jahrhundert in Frankreich wie Deutschland herrschenden Meinung, nach der die Menschenrechte mit ihrer revolutionären und antiklerikalen französischen Variante identifiziert und auf Rousseaus *Contrat Social* zurückgeführt wurden. »Die Idee, unveräußerliche, angeborene, geheiligte Rechte des Individuums gesetzlich festzustellen«, so dagegen Jellinek, »ist nicht politischen, sondern religiösen Ursprungs« (ebd., S. 53). Die puritanischen Emigranten, deren presbyterial-synodale Kirchenverfassung auch als Vorbild für Ideen von Demokratie gedient hätten, seien die wichtigsten Trägergruppen gewesen, die gegenüber der britischen Krone und der anglikanischen Staatskirche die rechtliche Garantie von **Religions- und Gewissensfreiheit**, verstanden als die positive Freiheit zur Ausübung der eigenen Religion, gefordert hätten.

Menschenrechte in der Amerikanischen und der Französischen Revolution

Declaration of Independence (4. Juli 1776) – Auszug

»Folgende Wahrheiten erachten wir als selbstverständlich: dass alle Menschen gleich geschaffen sind; dass sie von ihrem Schöpfer mit gewissen unveräußerlichen Rechten ausgestattet sind; dass dazu Leben, Freiheit und das Streben nach Glück gehören; dass zur Sicherung dieser Rechte Regierungen unter den Menschen eingesetzt werden, die ihre rechtmäßige Macht aus der Zustimmung der Regierten herleiten; dass, wenn immer irgendeine Regierungsform sich als diesen Zielen abträglich erweist, es das Recht des Volkes ist, sie zu ändern oder abzuschaffen und eine neue Regierung einzusetzen.«

Constitution of the United States of America (17. September 1787) Amendments – Auszug

»I. Der Kongress darf kein Gesetz erlassen, das die Einführung einer Staatsreligion zum Gegenstand hat, die freie Religionsausübung verbietet, die Rede- oder Pressefreihcit oder das Recht des Volkes einschränkt, sich friedlich zu versammeln und die Regierung durch Petition um Abstellung von Missständen zu ersuchen.«

Bereits im 17. Jahrhundert proklamierten die Kolonien Maryland (1632), New Jersey (1677) und Pennsylvania (1689) das Recht auf Religionsfreiheit. Hierauf aufbauend wurden in der *Virginia Bill of Rights* (1776), deren Text unter dem Einfluss des selbst aus England emigrierten Radikaldemokraten Thomas Paine (1737–1809) entstand, neben der Religionsfreiheit auch andere natürliche Freiheitsrechte kodifiziert, die sich durch ihren strikt individualrechtlichen Charakter von den ständisch-korporativen Freiheiten unterschieden. Auf die unveräußerlichen Rechte aller Menschen (»life, liberty and the pursuit of happiness«) beriefen sich die amerikanischen Kolonien in der *Declaration of Independence* (4. Juli 1776) zur Begründung ihrer Unabhängigkeit von der britischen Krone. Und mit den 1791 in Kraft getretenen zehn Ergänzungsartikeln (*Ten Amendments*, auch *Bill of Rights*) der bis heute geltenden amerikanischen Bundesverfassung von 1787 wurden individuelle Rechte, unter ihnen an erster Stelle die Religionsfreiheit, erstmals zur konstitutionellen Grundlage eines Staatswesens.

Déclaration des droits de l'homme et du citoyen (26. August 1789) – Auszug

»[Die Nationalversammlung erkennt und erklärt] in Gegenwart und unter dem Schutz des Höchsten Wesens die folgenden Menschen- und Bürgerrechte:
　　Artikel 1. Die Menschen werden frei und gleich an Rechten geboren und bleiben es. Die sozialen Unterschiede können nur auf den gemeinsamen Nutzen gegründet sein.
　　Artikel 2. Der Endzweck jeder politischen Vereinigung ist die Erhaltung der natürlichen und unvergänglichen Menschenrechte. Diese Rechte sind Freiheit, Eigentum, Sicherheit und Widerstand gegen Unterdrückung.
　　Artikel 3. Der Ursprung jeder Souveränität ruht seinem Wesen nach in der Nation; keine Körperschaft, kein einzelner kann eine Autorität ausüben, die nicht ausdrücklich von ihr ausgeht.« (Übersetzung nach Gauchet 1991, S. 10)

Jellinek ging sogar einen Schritt weiter und behauptete, dass auch die französische Menschenrechtserklärung, die berühmte *Déclaration des droits de l'homme et du citoyen*, auf diese amerikanischen Wurzeln zurückzuführen sei (Jellinek in Schnur 1974, S. 5–12). Tatsächlich war nicht nur der Marquis de Lafayette, einer der Autoren der *Déclaration*, kurz zuvor in Nordamerika gewesen; Thomas Jefferson selbst, einer der Gründerväter der amerikanischen Verfassung, beteiligte sich an den Beratungen der französischen Nationalversammlung, und ebenso Thomas Paine. Dennoch müssen gegen Jellinek, wie sein französischer Zeitgenosse Emile Boutry und nach ihm viele Historiker betonten, die eigenständigen Merkmale der französischen Menschenrechtserklärung gewürdigt werden.[3] Die Französische Revolution war sehr viel dezidierter als ihr amerikanisches Pendant gegen die Feudalordnung und den absolutistischen Staat gerichtet. So war die erste Entscheidung der aus den französischen Generalständen hervorgegangenen Nationalversammlung die Abschaffung der Leibeigenschaft und die Befreiung der Bauern oder, um die zeitgenössische Sprache zu verwenden, die »Wiederherstellung französischer Freiheit«. Ihr folgte zwei Wochen später, am 26. August 1789, die *Déclaration des droits de l'homme et du citoyen*.

Die *Déclaration* bestimmt zunächst ähnlich wie die amerikanischen Rechtskataloge, allerdings mit prononciert universalistischem Geltungsanspruch, die natürlichen Rechte des Menschen (Artikel 1) und definiert deren Schutz als Zweck der staatlichen Herrschaftsordnung (Artikel 2). Sodann aber kommt das eigentliche Charakteristikum der französischen *Déclaration* zum Tragen, nämlich der Gedanke, dass der Ursprung aller Souveränität in der »Nation« ruhe (Artikel 3). Hier und an anderen Stellen, in denen das Gesetz mit der Rous-

---

3 Die historiographische Kontroverse um die französische Erklärung der Menschenrechte ist ausführlich dokumentiert in Schnur 1977.

seauschen *volonté générale* identifiziert wird, zeigt sich die republikanisch-demokratische Idee der Gleichursprünglichkeit von Menschenrechten und Volkssouveränität (vgl. Gauchet 1991, S. 68 ff.). Menschenrechte markieren weniger eine Begrenzung staatlicher Macht als vielmehr den Anspruch des Citoyen auf Teilhabe an politischer Souveränität. Dem entspricht ein weiteres Merkmal, nämlich dass die revolutionären Verfassungen Frankreichs keine unabhängige Verfassungsgerichtsbarkeit vorsahen, wie sie vor allem der Supreme Court der USA darstellt, der seit dem berühmten Fall *Marbury vs. Madison* (1803) die Kompetenz zur gerichtlichen Überprüfung (»judicial review«) der Verfassungskonformität staatlicher Gesetze besitzt (Brugger 1987, S. 5 ff.). Dies galt für die erste französische Verfassung von 1791, in welcher die *Déclaration* übernommen wurde, aber auch für alle nachrevolutionären Verfassungen im Frankreich des 19. Jahrhunderts.

Mit der Französischen Revolution traten die **Menschen- und Bürgerrechte** ins Zentrum des politischen Diskurses. Allein in den beiden Monaten unmittelbar vor der *Déclaration* waren mehrere Dutzend Rechtskataloge, Verfassungsentwürfe und Menschenrechtserklärungen publiziert worden, sowohl innerhalb als auch außerhalb der Nationalversammlung (vgl. Baecque/Schmale/Vovelle 1988). Im weiteren Verlauf der Französischen Revolution traten kurzfristig auch andere Menschenrechtserklärungen in Kraft: für wenige Wochen etwa die jakobinische *Déclaration des droits de l'homme et du citoyen* (24. Juni 1793), deren Akzent auf dem Gleichheitsprinzip und daraus abgeleiteten wirtschaftlichen und sozialen Rechten (beispielsweise der Bildung) lag; oder die bürgerliche *Déclaration des droits et des devoirs de l'homme et du citoyen* (22. August 1795), die neben den vier Rechten auf Freiheit, Gleichheit, Sicherheit und Eigentum auch Bürgerpflichten festlegte, so die Pflicht zu Rechtsgehorsam und zur Befolgung der Goldenen Regel. Viele der auch später kontroversen Fragen – das Verhältnis von Freiheit und Gleichheit, das Verhältnis von Rechten und Pflichten – waren also bereits im Menschenrechtsdiskurs der Französischen Revolution präsent und wurden dort argumentativ ausgefochten. Dazu gehörte nicht zuletzt auch die Frage, wer als Träger von Menschenrechten anzuerkennen sei. Die Nationalversammlung hatte nur erwachsene, Steuern zahlende, französische Männer als Träger von Menschen- und Bürgerrechten verstanden, während Frauen von den politischen Rechten ausgeschlossen blieben. Demgegenüber ermöglichte der universalistische Impetus des Menschenrechtdiskurses erstmalig politische Forderungen nach Frauenrechten. So veröffentlichte Olympe de Gouges (1748–1793), eine der bekanntesten Vorkämpferinnen der Frauenbewegung, 1791 eine *Déclaration des droits de la femme et de la citoyenne*, deren einzelne Artikel eng am Vorbild der Erklärung von 1789 orientiert waren und die explizit die Gleichheit von Frau und Mann betonte.

(**ad b**) Ausgehend von der Französischen Revolution wurden Menschen- und Bürgerrechte im 19. Jahrhundert zu einem wirksamen Vokabular für die Artikulation von politischem Protest und neuen Legitimationsformeln von staatlicher Herrschaft. Aufgrund ihres revolutionären und universalistischen Pathos hatten sie dabei von Anfang eine globale Ausstrahlungskraft. Die herrschaftskritische Stoßrichtung der Menschenrechte und die Figur des Staatsbürgers wurde vor allem im Rahmen der nationalen Unabhängigkeitsbewegungen der ehemals spanischen Kolonien wirksam. Ganze Rechtskataloge wurden in den neuen lateinamerikanischen Staaten aus den revolutionären Verfassungen Frankreichs und der USA kopiert. Auch in Europa stellte die französische Erklärung der Menschenrechte einen beständigen Bezugspunkt für Verfassungsdebatten dar, sodass individuelle Rechte und, zumindest teilweise, die Idee der Gewaltenteilung Eingang in die

Verfassungen etlicher Staaten (Schweden 1809; Niederlande 1815) fanden.

Das revolutionäre Pathos der Menschen- und Bürgerrechte war deren Verbreitung allerdings nicht nur zuträglich, sondern zog von verschiedensten Seiten heftige Kritik auf sich. Gerade die christlichen Kirchen Kontinentaleuropas standen – anders als die puritanisch geprägten Religionsgemeinschaften Nordamerikas – den Menschenrechten aufgrund ihrer säkularen Begründung und antiklerikalen Ausrichtung lange Zeit skeptisch gegenüber. Bereits 1791 verwarf Papst Pius VI. in Reaktion auf die französische Nationalversammlung die Idee einer angeborenen Freiheit des Menschen, und schärfer noch verurteilte Papst Pius IX. Mitte des 19. Jahrhunderts die Menschenrechte als »absurde« Prinzipien. Noch der Enzyklika *Rerum Novarum* (1891) von Papst Leo XIII., dem Entwurf einer auf der Würde des Menschen basierenden katholischen Soziallehre, ist die Idee individueller Menschenrechte fremd. Erst auf dem Zweiten Vatikanischen Konzil (1965) machte sich die katholische Kirche diese Idee theologisch zu Eigen und erkannte in der *Declaratio de libertate religiosa* explizit auch das Recht auf Religionsfreiheit an (vgl. Hafner 1992, S. 122 ff.). Kaum weniger skeptisch gegenüber einer Begrenzung staatlicher Herrschaft durch Menschenrechte waren die lutherischen und reformierten Kirchen, die zumeist staats- oder landeskirchlich verfasst waren. Der lutherische Weltbund etwa hat erst in den siebziger Jahren des 20. Jahrhunderts ein positives Verhältnis zu den Menschenrechten formuliert (vgl. ebd., S. 114 f.).

Wandte sich die theologische Kritik vor allem gegen den säkularen Charakter der französischen Menschenrechtserklärung, so wurde ihr von konservativer Seite der Wert der Tradition gegenübergestellt. Noch unter dem unmittelbaren Eindruck der Ereignisse warnte der Engländer Edmund Burke (1729–1797) in seinem viel beachteten Manifest *Reflections on the Revolution in France* (1790; dt. 1967) seine Landsleute vor ihrer zerstörerischen Wirkung. Burke, zuvor übrigens als vehementer Verteidiger der amerikanischen Freiheitsbestrebungen und Kritiker der britischen Kolonialherrschaft in Indien hervorgetreten, verurteilte die Menschenrechte als eine künstliche, spekulative Rechtskonstruktion (ebd., S. 103 ff.) und stellte ihnen die Legitimität historisch gewachsener Rechte, etwa der ererbten Rechte und Freiheiten eines Engländers entgegen. Die Idee der Gleichheit bezeichnete er als »monstrous fiction« und warnte, dass die verfassungsmäßige Verankerung von Menschenrechten die Suche nach politischen Kompromissen zwischen Konfliktparteien erschwere und die für Freiheitswahrung erforderliche Machtbalancen gefährde.

Ebenfalls zum Gegenstand der Kritik wurde der Individualismus der Menschenrechte. So argumentierte Georg Friedrich Wilhelm Hegel (1770–1831), dass Moralität und Legalität nicht, wie bei Kant, abstrakt begründet werden könnten, sondern immer in die sittliche Lebensform einer politischen Gemeinschaft eingebettet seien, die im Staat ihre objektive Gestalt finde (Hegel 1970, S. 292 ff.). Radikalisiert wurde diese Kritik von Karl Marx (1818–1883). In seiner Frühschrift *Zur Judenfrage* (1844), die zeitgenössische Diskussionen über die Emanzipation der jüdischen Bevölkerung in Frankreich und Deutschland aufgriff, deutete Marx die individuellen Freiheitsrechte als bloße Mittel zur Bewahrung von privatem Eigentum: »Keines der so genannten Menschenrechte geht […] über den egoistischen Menschen hinaus, über den Menschen, wie er Mitglied der bürgerlichen Gesellschaft, nämlich auf sich, auf sein Privatinteresse und seine Privatwillkür zurückgezogenes und vom Gemeinwesen abgesondertes Individuum ist.« (MEGA Bd. 1, S. 141–169, hier S. 158f.) Die Französische Revolution sei eine bürgerliche Revolution gewesen, die in der Etablierung des Kapitalismus mündete. Wirkliche Emanzipation bedeute dagegen nicht die Gewähr bürgerlicher und politischer Rechte, sondern die endgültige Überwindung der Klassengegensätze durch die Kollektivierung von Eigentum.[4]

Zu nennen ist schließlich auch die utilitaristische Kritik an den Menschenrechten, wie sie insbesondere der Engländer Jeremy Bentham (1748–1832) formulierte. Ausgehend von dem ethischen Prinzip der Nützlichkeit, nach welchem normative Regeln des Zusammenlebens dem größtmöglichen Glück der größtmöglichen Zahl von Menschen dienen sollten, sah er den Zweck jeglicher Gesetzgebung in der Maximierung privaten Glücks. Naturrechtliche oder vertragstheoretische Rechtfertigungen politischer Herrschaft, wie sie den Menschenrechten zugrunde lägen, seien dagegen »nonsense upon stilts«.

Theologische, konservative, sozialistische und utilitaristische Argumente fanden im 19. Jahrhundert bei verschiedensten politischen Akteuren ein breites Echo und beeinflussten den Verlauf der Institutionalisierung der Menschenrechte. So blieben selbst in Frankreich die Ideen von 1789 bis in die Dritte Republik hinein politisch umstritten. Folgenreich war aber vor allem, dass die Kritik am naturrechtlichen Erbe der Menschenrechte sich im Juristenstand, der maßgeblichen Trägerschicht des modernen Rechts, durchsetzte und somit zum Aufstieg des **Rechtspositivismus** beitrug, jener Sicht, nach der das moderne Recht einer Legitimierung durch höhere, außerrechtliche Prinzipien schlichtweg nicht mehr bedarf. Der deutsche Soziologe Max Weber, der diese Diagnose mit besonderer Deutlichkeit formulierte (Weber 1980, S. 502), sah darin gar eine paradoxe Folge des Durchbruchs zur Moderne (vgl. dazu Koenig 2002, S. 111 f.). Einerseits bringen die Menschenrechte das Freiheitsethos der Moderne zum Ausdruck, andererseits ist ihre Institu-

---

4 Die spätere sozialistische Arbeiterbewegung hat diese Position allerdings nicht übernommen, sondern ihre Forderungen nach sozialer und ökonomischer Gerechtigkeit ebenfalls in der Sprache der Menschen- und Bürgerrechte artikuliert (»Die Internationale erkämpft das Menschenrecht«).

tionalisierung im modernen Recht aber ein Teilaspekt der gesellschaftlichen Rationalisierung, deren Ergebnisse – Bürokratie und Kapitalismus – individuelle Freiheiten zunehmend einschränken.[5]

(ad c) In Deutschland stießen vor allem die antiklerikale und die konservative Kritik an der Französischen Revolution auf große Resonanz und erschwerten so die Durchsetzung des menschenrechtlich basierten Verfassungsstaats.[6] Zwar war mit dem *Allgemeinen Gesetzbuch für die Preußischen Staaten* (1791) und dem *Allgemeinen Landrecht* (1794) eine Reihe von Grundfreiheiten gewährt worden, verfassungsrechtlich wurden gleiche Staatsbürgerrechte aber nur in den süddeutschen Staaten Baden und Württemberg (1818–1820) garantiert, die unter dem Einfluss des napoleonischen *Code Civil* standen. Die »Grundrechte des deutschen Volkes«, welche die Nationalversammlung in der Frankfurter Paulskirche am 20. Dezember 1848 beschlossen hatte, wurden bereits 1851 wieder außer Kraft gesetzt, in der Verfassung des Deutschen Reiches (1871) fehlten Grundrechtsgarantien gänzlich (vgl. Frotscher/Pieroth 2003, S. 173 und 180; Kleinheyer 1975). Die Weimarer Reichsverfassung (1919) beinhaltete zwar einen umfassenden Katalog von »Grundrechten und Grundpflichten der Deutschen« (Artikel 109–165); dieser war aber kaum wirksam, weil Grundrechte hier eher als Programmsätze denn als subjektive Rechte verstanden wurden und daher, zumal in Ermangelung einer unabhängigen Verfassungsgerichtsbarkeit, nicht justiziabel waren.

---

5 Nicht von ungefähr sah Weber etwa, ähnlich wie Marx, in Grund- und Menschenrechten, insbesondere der Vertragsfreiheit, die »Vorbedingungen für das freie Schalten des Verwertungsstrebens des Kapitals mit Sachgütern und Menschen« (Weber 1980, S. 726).
6 Burkes Schrift von 1790 fand gerade in Deutschland weite Verbreitung, während das Echo auf Thomas Paines *Rights of Man* (1791, dt. 1973), der wichtigsten Gegenkritik zu Burke, eher schwach war.

Erst in den Artikeln 1 bis 19 des Bonner Grundgesetzes (1949) fanden Grund- und Bürgerrechte, motiviert durch die Erfahrungen totalitärer Herrschaft im Nationalsozialismus, endgültig eine verfassungsrechtliche Verankerung. Die Menschenwürde wurde hier zum tragenden Konstitutionsprinzip und obersten Rechtswert, bekräftigt durch das Staatsziel der Achtung unverletzlicher und unveräußerlicher Menschenrechte und positiv-rechtlich umgesetzt in den Grundrechten (vgl. dazu Brugger 1997, S. 42). Die Grundrechte der Freiheit (Artikel 2) und Gleichheit (Artikel 3) sowie deren bereichsspezifische Ausgestaltung wurden, ebenso wie das Demokratieprinzip (»Alle Staatsgewalt geht vom Volke aus«, Artikel 20 (2) GG), durch die so genannte »Ewigkeitsklausel« (Artikel 79 (3) GG), einer Verfassungsänderung entzogen. Menschenwürde, Menschenrechte und Grundrechte, von der Rechtsprechung des Bundesverfassungsgerichts in vielen Einzelfallentscheidungen gestärkt, sind damit zur Legitimationsgrundlage der Herrschafts- und Rechtsordnung der Bundesrepublik Deutschland geworden.

Grundgesetz für die Bundesrepublik Deutschland (23. Mai 1949, in der Fassung vom 20. 12. 1993) – Auszug

»Artikel 1. [Schutz der Menschenwürde] (1) Die Würde des Menschen ist unantastbar. Sie zu achten und zu schützen ist Verpflichtung aller staatlichen Gewalt.

(2) Das Deutsche Volk bekennt sich darum zu unverletzlichen und unveräußerlichen Menschenrechten als Grundlage jeder menschlichen Gemeinschaft, des Friedens und der Gerechtigkeit in der Welt.

(3) Die nachfolgenden Grundrechte binden Gesetzgebung, vollziehende Gewalt und Rechtsprechung als unmittelbar geltendes Recht.

Artikel 2. [Persönliche Freiheitsrechte] (1) Jeder hat das Recht auf die freie Entfaltung seiner Persönlichkeit, soweit er nicht die Rechte

2.3 Menschenrechte und Nationalstaat

Die Institutionalisierung von Menschenrechten im demokratischen Verfassungsstaat ist eine wichtige historische Errungenschaft im Kampf um die Begrenzung der Staatsgewalt, um individuelle Freiheit und politische Autonomie. Gleichwohl blieb der universalistische Anspruch der Menschenrechte nicht nur umstritten, sondern aus gesellschaftsstrukturellen Gründen auch unabgegolten. Die rechtliche Verankerung von Menschenrechten im modernen Verfassungsstaat war nämlich zunächst aufs Engste mit der Entstehung des **Nationalstaats** verbunden, und dies begrenzte ihren Universalismus in gleich dreifacher Hinsicht. Da Menschenrechte seit der Französischen Revolution mit der Idee der Volkssouveränität verknüpft waren, wurden sie vorrangig als Staatsbürgerrechte institutionalisiert und damit an nationale Identität geknüpft (a). Aufgrund des Prinzips staatlicher Souveränität war es ferner kaum möglich, Verletzungen der Menschen- oder auch der Staatsbürgerrechte international zu sanktionieren (b). Und schließlich blieb

anderer verletzt und nicht gegen die verfassungsmäßige Ordnung oder das Sittengesetz verstößt.

(2) Jeder hat das Recht auf Leben und körperliche Unversehrtheit. Die Freiheit der Person ist unverletzlich. In diese Rechte darf nur auf Grund eines Gesetzes eingegriffen werden.

Artikel 3. [Gleichheit vor dem Gesetz] (1) Alle Menschen sind vor dem Gesetz gleich.

(2) Männer und Frauen sind gleichberechtigt. Der Staat fördert die tatsächliche Durchsetzung der Gleichberechtigung von Frauen und Männern und wirkt auf die Beseitigung bestehender Nachteile hin.

(3) Niemand darf wegen seines Geschlechtes, seiner Abstammung, seiner Rasse, seiner Sprache, seiner Heimat und Herkunft, seines Glaubens, seiner religiösen oder politischen Anschauungen benachteiligt oder bevorzugt werden. Niemand darf wegen seiner Behinderung benachteiligt werden.«

die Geltung der Menschenrechte auf die »zivilisierten«, europäischen Völker beschränkt, während den Bevölkerungen der Kolonien gleiche Rechte und Freiheiten vorenthalten wurden (c). In allen drei Hinsichten bestanden also Widersprüche zwischen dem Universalismus der Menschenrechtsidee und dem Partikularismus ihrer Institutionalisierung, aus denen sich allerdings im 20. Jahrhundert allmählich eine Dynamik entwickelte, die zur Ablösung der Menschenrechte von ihrer Bindung an den europäischen Nationalstaat führen sollte.

(ad a) Die erste Begrenzung des universalistischen Geltungsanspruches der Menschenrechte bestand darin, dass sie im 19. Jahrhundert zunächst in Gestalt von **Staatsbürgerrechten** institutionalisiert wurden. Der Status des Staatsbürgers implizierte eine enge Verknüpfung von subjektiven Rechten, Staatsangehörigkeit und Nationalität. Noch der Grundrechtskatalog des Grundgesetzes der Bundesrepublik Deutschland enthält neben den Rechten, die »Jedermann« zustehen, die so genannten »Deutschenrechte«, also Bürgerrechte, die nur deutschen Staatsbürgern vorbehalten sind, wie etwa die Versammlungs- und Vereinigungsfreiheit (vgl. insgesamt Siehr 2001). Hintergrund dieser Kopplung von Rechten, Staatsangehörigkeit und Nationalität war die Annahme einer Gleichursprünglichkeit von Menschenrechten und Volkssouveränität, wie sie prägnant in der Französischen Revolution formuliert wurde. Individuelle Rechte wurden damit an die Identifikation der Bürger mit dem Volkssouverän, der vorgestellten Gemeinschaft der Nation, gebunden und von der Mitgliedschaft im Herrschaftsverband des Staates abhängig gemacht. Die Institution nationaler Staatsbürgerschaft ermöglichte es, die verschiedensten Bevölkerungsgruppen unabhängig von Stand, Besitz und Geschlecht in die nationale Gemeinschaft einzubeziehen und gilt daher als eine der wichtigsten Inklusionsformen der modernen Gesellschaft. Sie bedeutete andererseits aber auch die Ausgrenzung bestimmter Personengruppen von den an den Status der Staatsbürgerschaft geknüpften Rechten und war insofern stets auch eine Form sozialer Exklusion.

Die **Inklusion**skraft der nationalen Staatsbürgerschaft ist insbesondere vom britischen Soziologen und Sozialpolitiker Thomas H. Marshall in einer einschlägigen Studie zur politischen Entwicklung Englands beschrieben worden (Marshall 1964, dt. 1992). Er zeigt auf, dass die Entwicklung von Staatsbürgerschaft (*citizenship*) mit der sukzessiven Einbeziehung verschiedener sozialer Klassen in das politische System einherging, wobei jeweils unterschiedliche Rechte im Mittelpunkt standen und entsprechend vielfältige korrelative Pflichten des Staates formuliert wurden. Den Anfang dieser Entwicklung sieht Marshall in der Begrenzung staatlicher Herrschaft durch die vom Bürgertum gegen die Feudalordnung durchgesetzte Garantie **bürgerlicher Rechte** im 17. und 18. Jahrhundert. Diese Abwehrrechte legten den Staat auf die Funktion fest, den freien Warenverkehr in der bürgerlichen Gesellschaft zu ermöglichen. Durch die etwas später erkämpften **politischen Rechte** zur Teilhabe an Herrschaftsausübung entwickelte sich der Staat darüber hinaus zum Forum der Auseinandersetzung zwischen unterschiedlichen politischen Interessen; insbesondere die allmähliche Ausweitung des Wahlrechts, zunächst auf alle männlichen Bürger, später auch auf Frauen, zeigt dabei das hohe Inklusionspotenzial von Staatsbürgerschaft. In Reaktion auf die industrielle Revolution, die Arbeiterbewegung und den Sozialismus sind im 19. und 20. Jahrhundert **wirtschaftliche und soziale** Rechte hinzukommen, etwa der Unfallschutz, die Begrenzung von Kinder- und Frauenarbeit oder Ansprüche auf soziale Sicherung im Falle von Arbeitsunfähigkeit. Diese Anspruchsrechte begründeten staatlicherseits eine Reihe von Pflichten, aus denen sich allmählich der moderne Wohlfahrtsstaat entwickelte, durch den, so Marshalls Argument, der durch die kapitalistische Wirtschaftsordnung erzeugte Klassenkonflikt befriedet werden konnte.

Marshalls Analyse ist eine idealtypische Rekonstruktion von Staatsbürgerschaft als Inklusionsform moderner Gesellschaft. Historisch wich die Abfolge von liberalen, politischen und wirtschaftlichen sowie sozialen Rechten indessen häufig von seinem Schema ab. So ging im Deutschen Reich unter Bismarck die Sozialgesetzgebung dem allgemeinen und gleichen Wahlrecht voraus. Auch in Frankreich ist die Ausweitung von Rechten nicht ohne Widersprüche verlaufen – das Frauenwahlrecht, erstmals 1893 in Neuseeland, danach in vielen anderen Staaten eingeführt, fand erst 1944 Eingang in die französische Verfassung. Und selbst England folgt jenem Schema nur bedingt (Somers 1993). Die Bedeutung von Marshalls idealtypischer Analyse liegt jedoch vor allem darin, dass sie den strukturellen Zusammenhang von Staatsbürgerrechten und nationaler Identität hervorhebt. Wie viele Soziologen vor und nach ihm betonte er dabei den Inklusions- und Integrationsaspekt nationaler Staatsbürgerschaft. Das klassische Argument, das auf den französischen Soziologen Emile Durkheim (1858–1917) zurückgeht, lautet, nationale Staatsbürgerschaft habe sowohl die Einbeziehung gleichberechtigter, von traditionellen Bindungen befreiter Individuen in das politische System ermöglicht als auch eine neue Grundlage sozialer Solidarität geschaffen (Durkheim 1991). Diese Verschränkung von individueller Inklusion und sozialer Integration zeigt sich exemplarisch noch im *Civil Rights Movement*, das Symbole amerikanischer Identität in Anspruch nahm, um Forderungen nach einer Aufhebung der Rassendiskriminierung öffentlich Nachdruck zu verleihen (Parsons 1967, S. 422–465).

Die Form nationaler Staatsbürgerschaft mit ihrer Kopplung von subjektiven Rechten an Mitgliedschaft im Staatsverband und Zugehörigkeit zu einer ethnisch, sprachlich, religiös oder kulturell als homogen vorgestellten nationalen Gemeinschaft hatte aber gleichzeitig auch neue Formen der Ausgrenzung zur Folge. Gerade am Umgang mit Fremden und Ausländern wird dieser **Exklusion**saspekt von Staatsbürgerschaft deutlich (vgl. Brubaker 1994). Den Widerspruch zwischen dem universalistischen Anspruch der Menschenrechte und ihrer Institutionalisierung als Staatsbürgerrechte im Nationalstaat hat mit besonderer Schärfe die Philosophin Hannah Arendt (1906–1975) analysiert. In ihrer 1951 erschienenen Schrift *Elemente und Ursprünge totaler Herrschaft* widmete sie ein eigenes Kapitel dem Nachweis, dass gerade die endgültige Durchsetzung des Prinzips des Nationalstaats nach dem Ersten Weltkrieg die Aporien der Menschenrechte hat sichtbar werden lassen (Arendt 1986, S. 559–625). Das Prinzip des Nationalstaats mit seiner Trias von Staat, Territorium und Volk hatte den nationalen Unabhängigkeitsbewegungen des 19. Jahrhunderts als Vorbild gedient und wurde mit dem Zerfall der Habsburger Monarchie, des Russischen und des Osmanischen Reiches im Ersten Weltkrieg zur dominanten Form politischer Organisation in Europa. Die Idee eines nationalen Selbstbestimmungsrechts der Völker, die der amerikanische Präsident Woodrow Wilson in seiner berühmten 14-Punkte-Erklärung von 1917 formuliert hatte, legitimierte die Gründung neuer Nationalstaaten in Mittel- und Osteuropa. Aufgrund der ethnischen Heterogenität dieses Raums führte dies jedoch dazu, dass sich regelmäßig ganze Bevölkerungsgruppen von der Zugehörigkeit zum Staatsvolk ausgeschlossen sahen. Nationale Staatsbürgerrechte schienen für bestimmte Personengruppen also keinen genügenden Rechtsschutz darzustellen. Infolgedessen gestand man den Minderheiten in den Versailler Friedensverträgen und im Rahmen des Völkerbundes eigene Rechte zu, insbesondere auf den Gebrauch der eigenen Sprache und die Einrichtung eigener Schulen.

Dass Menschenrechte sich nicht problemlos im Nationalstaat verwirklichen ließen, wird noch drastischer am Beispiel der Vielzahl von Flüchtlingen und Vertriebenen deutlich, die infolge des Ersten Weltkrieges und der Russischen Revolution in Europa aufgetreten waren. Die Staatsbürgerschaft ihres Herkunftslandes war ihnen praktisch entzogen worden, diejenige ihres Aufenthaltslandes wurde ihnen verwehrt. Die damit entstandene Staatenlosigkeit bedeutete für diese Gruppen in Ermangelung eines internationalen Menschenrechtsschutzes faktisch die Auslieferung an staatliche Willkür.

Das Schicksal von Minderheiten und Staatenlosen macht deutlich, dass die Kopplung der Menschenrechte an Volkssouveränität im Rahmen des Nationalstaats unter den historischen Bedingungen der Folgen des Ersten Weltkrieges eine Vielzahl von Menschen in Europa zu Rechtlosen machte. Hannah Arendt, die darin eine nachträgliche Bestätigung der Burkeschen Skepsis gegenüber den abstrakten Menschenrechten sah (1951, dt. 1986, S. 619), leitete daraus die Forderung ab, Menschenrechte müssten unabhängig vom Status der Staatsbürgerschaft verankert und der Menschheit als ganzer garantiert werden. Sie selbst meinte, dass von Staatsbürgerrechten grundsätzlich unterschiedene Menschenrechte sich auf ein fundamentales Recht reduzieren ließen, nämlich das »Recht, Rechte zu haben« (ebd., S. 614), also ein **Recht auf Staatsangehörigkeit**. Tatsächlich sollte ein solches Recht auf Staatsangehörigkeit in völkerrechtlichen Vereinbarungen nach dem Zweiten Weltkrieg festgehalten werden. Wie wir sehen werden, ging die Rechtsentwicklung darüber sogar noch hinaus, indem auch andere Rechte internationalisiert und damit vom Status der Staatsbürgerschaft gelöst wurden.

(ad b) Die zweite Begrenzung des universalistischen Anspruchs der Menschenrechte, das Fehlen eines internationalen Menschenrechtsschutzes, lag im Prinzip **staatlicher Souveränität** begründet. Dieses Prinzip war aus den nachreformatorischen Religions- und Bürgerkriegen entstanden und stellte die Basis des europäischen Staatensystems dar, das im Westfälischen Frieden (1648) seine völkerrechtliche Gestalt angenommen hatte. Die Grundsätze des klassischen, »Westfälischen«

Völkerrechts beinhalteten die Gleichheit der Staaten, das Verbot der Einmischung in innere Angelegenheiten anderer Staaten sowie das uneingeschränkte Recht zum Krieg (*liberum ius ad bellum*). Die Gewährleistung von Menschen- oder zumindest von Staatsbürgerrechten galt daher als strikt innerstaatliche Angelegenheit und war internationaler Einmischung entzogen, wenngleich sich im Zuge der europäischen Expansion allmählich Minimalstandards souveräner Staatlichkeit herausbildeten, die auch grundlegende Rechte umfassten (vgl. Gong 1984, S. 14).

Auf der Basis des Souveränitätsprinzips entwickelte sich das europäische Staatensystem durch die wechselseitige Steigerung von Macht, durch Konkurrenz und Kriege (vgl. Tilly 1990). In Reaktion auf die Kriegsdynamik des modernen Staatensystems entstanden indessen erste Ansätze einer Begrenzung staatlicher Souveränität. In der zweiten Hälfte des 19. Jahrhunderts wurden neue Regelungen der Kriegsführung in das Völkerrecht aufgenommen. Erstmals wurden in das klassische Kriegsrecht (*ius in bello*) mit der Genfer Konvention (1864) sowie den beiden Haager Konventionen (1899 und 1904) humanitäre Gesichtspunkte eingeführt; die Staaten verpflichteten sich für den Kriegsfall auf die Anerkennung eines Neutralitätsstatus für medizinisches Personal, erlegten sich wechselseitige Rüstungsbeschränkungen auf und formulierten ein Verbot bestimmter Kampfmittel. Ferner wurden in Friedensverträge zunehmend auch Regelungen aufgenommen, die einzelnen Staaten, insbesondere den unabhängig gewordenen Nationalstaaten auf dem Balkan, verboten, die Verschiedenheit religiöser Bekenntnisse als Grund für den Ausschluss von bürgerlichen und politischen Rechten zu benutzen, so beispielsweise in der auf den Krimkrieg folgenden Berliner Kongressakte von 1878.

Infrage gestellt wurde das klassische Souveränitätsprinzip auch im Rahmen des 1920 gegründeten Völkerbundes. Nicht zuletzt unter dem Eindruck neuer technologischer Möglichkeiten der Massenkriegsführung im Ersten Weltkrieg wurde das freie Recht der Staaten, Krieg zu führen, beschnitten. Mit Artikel 11 (1) der Satzung des Völkerbundes wurde ein partielles Kriegsverbot eingeführt, das die Erklärung des Kriegs der staatlichen Entscheidungsbefugnis entzog und an die Legitimation durch die Völkerrechtsgemeinschaft band. Im Briand-Kellogg-Pakt (1928), dem die überwiegende Mehrheit der damaligen Staaten beitrat, wurde der Krieg sogar generell als Mittel der Konfliktaustragung verboten. In die Zwischenkriegszeit fallen auch erste Ansätze, die Rechte von Individuen zur Angelegenheit des Völkerrechts zu machen. Im Rahmen des Völkerbundes wurden beispielsweise Abkommen zur Unterbindung des Frauen- und Kinderhandels sowie zur Unterdrückung von Sklaverei abgeschlossen,[7] auf Initiative der 1919 gegründeten Internationalen Arbeitsorganisation (International Labour Organization, ILO) verpflichteten sich die Staaten darauf, Zwangs- und Pflichtarbeit zu beseitigen,[8] und im Rahmen des bereits erwähnten Minderheitenschutzes des Völkerbundes wurde sogar ein individuelles Petitionsverfahren vor dem Ständigen Internationalen Gerichtshof (PCJ) etabliert.

Das Spannungsverhältnis zwischen Menschenrechten und staatlicher Souveränität setzte also frühzeitig eine Dynamik in Gang, in deren Folge sich das Westfälische Staatensystem und mit ihm das klassische Völkerrecht grundlegend wandelten. Endgültig zum Durchbruch kommt sie jedoch erst nach dem Zweiten Weltkrieg.

(ad c) Die dritte Einschränkung des universalistischen Geltungsanspruchs der Menschenrechte im Zeitalter der europäi-

---

7 Vgl. die *Internationale Übereinkunft zur Unterdrückung des Frauen- und Kinderhandels* vom 30. September 1921; LNTS Bd. 9, S. 415; sowie das *Übereinkommen betreffend Sklaverei* vom 25. September 1926, UNTS Bd. 212, S. 17.
8 Vgl. das *Übereinkommen über Zwangs- oder Pflichtarbeit* (ILO-Übereinkommen 29) vom 28. Juni 1930; UNTS Bd. 29, S. 55.

schen Nationalstaaten lag schließlich im **Kolonialismus** und **Imperialismus** begründet. Die in Indien und anderen Kolonien des Vereinigten Königreiches lebenden Menschen waren größtenteils nicht britische Staatsbürger, sondern lediglich Untertanen der Krone; die von Marshall analysierten Staatsbürgerrechte waren ihnen daher nicht zugänglich. Ebenso wenig galten die Prinzipien der Menschen- und Bürgerrechte in den französischen Kolonien; selbst in Algerien, das als Teil des französischen Staatsgebiets betrachtet wurde, blieb die arabische Bevölkerung weitgehend vom Status des Staatsbürgers ausgeschlossen. Auch in den kurzen Episoden des deutschen Imperialismus lässt sich kein Bewusstsein für die Grundfreiheiten und die politische Autonomie der afrikanischen und asiatischen Bevölkerung finden. Gerechtfertigt wurde diese Ungleichbehandlung nicht zuletzt durch Vorstellungen einer zivilisatorischen Höherwertigkeit der Europäer, die sich seit der europäischen Expansion entwickelt hatten. Bereits John Locke hatte in seinen *Two Treatises* der indigenen Bevölkerung des amerikanischen Kontinents aufgrund fehlender agrarwirtschaftlicher Nutzung des Bodens ihr natürliches Recht auf Eigentum abgesprochen und so die Aneignung des Landes durch die britischen Siedler gerechtfertigt (Locke 1977, S. 225). Die hier anklingende Stufentheorie menschlicher Zivilisation wurde im 19. Jahrhundert in Europa und Nordamerika durch einen Rassendiskurs überlagert, der die Herrschaft der »weißen Rasse« in den Kolonien legitimierte und damit den universalistischen Gedanken der Menschenrechte preisgab. Er stand im Hintergrund des so genannten »standard of civilization« im Völkerrecht, nach dem nichteuropäischen Gesellschaften staatliche Souveränität zu- oder (zumeist) aberkannt wurde (Gong 1984, S. 53). Er stand ebenso hinter den Jim-Crow-Gesetzen, die der schwarzen Bevölkerung in den amerikanischen Südstaaten bis zum *Civil Rights Act* (1964) wesentliche Bürgerrechte vorenthielten.

Erst durch den Prozess der **Entkolonialisierung** hat sich das universalistische Potenzial der Menschenrechte jenseits des europäischen Nationalstaats entfaltet. Gerade in ihrer Verknüpfung mit dem Prinzip nationaler Selbstbestimmung hatten die Menschenrechte eine antiimperiale Stoßrichtung und stellten daher eine Legitimationsgrundlage für die Unabhängigkeitsbewegungen in den Kolonien der europäischen Großmächte dar.

Bereits im Umfeld der Gründung des Völkerbundes wurden entsprechende Forderungen nach Rassengleichheit, dem Selbstbestimmungsrecht der kolonialisierten Völker und der Anerkennung ihrer politischen Autonomie erhoben, jedoch mit Verweis auf deren angebliche »zivilisatorische Unreife« von den Großmächten verweigert (Gong 1984, S. 76–81; Lauren 2003, S. 97f.). Die Situation in den britischen und französischen Kolonien blieb daher unangetastet, und die ehemaligen Kolonien der Verlierermächte wurden im Rahmen des Mandatssystems nach Artikel 22 der Völkerbundsatzung der Vormundschaft der Siegermächte unterstellt, wenngleich auch hier einige grundlegende Menschenrechte, etwa die Gewissens- und Religionsfreiheit, geachtet werden sollten.

Gestützt auf den universalistischen Geltungsanspruch der Menschenrechte und das Prinzip nationaler Selbstbestimmung wurde aus den Kolonien selbst aber zunehmend die Anerkennung der Menschenrechte eingefordert, und zwar ohne jeglichen Unterschied der »Rasse« oder anderer zugeschriebener Kriterien – eine Forderung, der sich die Kolonialmächte immer schwerer entziehen konnten. Seit Mitte des 20. Jahrhunderts ließ sich der Prozess der Entkolonialisierung kaum mehr aufhalten, und Gleichheit und Nichtdiskriminierung wurden zu zentralen Normen im internationalen Menschenrechtsschutz.

In langfristiger Perspektive betrachtet haben die drei Widersprüche, von denen die Institutionalisierung der Menschenrechtsidee im europäischen Nationalstaat begleitet war, also neue sozialen Dynamiken hervorgebracht. Menschenrechte wurden der Verfügung souveräner Staaten entzogen und zum Gegenstand internationaler Kooperation; sie begründeten einen eigenen, von nationaler Staatsbürgerschaft unabhängigen Rechtsstatus; und sie wurden weltweit zum Symbol von Unabhängigkeitsbewegungen und trugen damit zur Entkolonialisierung bei. Unmittelbarer Anlass für die Institutionalisierung von Menschenrechten jenseits des Nationalstaats waren aber historische Unrechtserfahrungen eines bislang ungekannten Ausmaßes im Herzen Europas: die Steigerung staatlicher Macht zum Totalitarismus, der Zweite Weltkrieg und der Holocaust. Aufgrund dieser Unrechtserfahrungen gewannen Menschenwürde und Menschenrechte erneut an Bedeutung, wurden in neuen sozialen Formen institutionalisiert und damit zum Kristallisationspunkt der modernen Weltgesellschaft.

3 Menschenrechte in der Weltgesellschaft

Im 20. Jahrhundert haben sich aus den Widersprüchen zwischen der universalistischen Idee der Menschenrechte und ihrer Verwirklichung im klassischen Nationalstaat europäischer Prägung neue Formen der Institutionalisierung von Menschenrechten entwickelt. Erstens sind Menschenrechte nicht mehr nur in nationalen Verfassungen, sondern auch im Völkerrecht verankert worden; sowohl die formale Beziehung zwischen Rechtsträger und Rechtsadressat als auch der materiale Rechtsgehalt von Menschenrechten haben sich dadurch nachhaltig verändert. Menschenrechte sind zweitens zu einem Legitimationstitel staatlicher Außenpolitik geworden, ihre Verletzung kann im zwischenstaatlichen Verkehr den Einsatz von Sanktionen, sogar militärischer Gewalt motivieren. Und die Vielzahl transnational vernetzter Nichtregierungsorganisationen hat, drittens, zur Erweiterung solidarischer Gefühle beigetragen, die zum Einsatz für die Menschenrechte anderer motivieren. Diese neuen Rechts-, Macht- und Solidaritätsstrukturen in der entstehenden Weltgesellschaft zeigen, dass die Menschenrechte sich von ihrem europäischen Entstehungskontext gelöst und dabei eine neue Bedeutung gewonnen haben.

3.1 Menschenrechte im modernen Völkerrecht

Zentral für die Institutionalisierung der Menschenrechte jenseits des Nationalstaats ist die Entwicklung vom klassischen, »Westfälischen« Völkerrecht zum modernen oder auch »post-Westfälischen« Völkerrecht (Cassese 1986, S. 68–70; Kimminich/Hobe 2000, S. 48–66). Erstens wurde das Souveränitätsprinzip als grundlegende Norm des klassischen Völkerrechts durch andere Prinzipien ergänzt und überlagert. Zu nennen sind hier das Verbot der Gewaltandrohung und Gewaltanwendung, die Verpflichtung zu friedlicher Konfliktlösung und internationaler Kooperation, das Selbstbestimmungsrecht der Völker und schließlich auch die Achtung der Menschenrechte. Zweitens wurden Menschenrechte teilweise von Staatsbürgerrechten abgekoppelt. Galten im klassischen Völkerrecht nur Staaten als Rechtssubjekte, so haben heute auch andere Rechtspersonen Eingang in den Kreis der Völkerrechtssubjekte gefunden, darunter insbesondere das Individuum. Volle Völkerrechtssubjektivität wird zwar weiterhin nur den souveränen Staaten zugeschrieben, die internationale Verpflichtung von Staaten zum Schutz der Menschenrechte – wie übrigens auch die in den Nürnberger Prozessen erstmals anerkannte Verantwortung einzelner Individuen für Kriegsverbrechen, Völkermord und Verbrechen gegen die Menschlichkeit – zeigt aber, dass im modernen Völkerrecht auch das Individuum Träger von Rechten und Pflichten ist. Der Einzelne verfügt innerhalb der Völkerrechtsordnung nicht mehr nur als Angehöriger eines Staates, also »mediatisiert«, über Rechte, sondern genießt bereits als Mensch den Status eines zumindest »partiellen« Völkerrechtssubjekts. Und drittens wurde nationale Selbstbestimmung auch den nicht-europäischen Gesellschaften zugestanden und koloniale Herrschaft damit delegitimiert. In Reaktion auf den Rassendiskurs des europäischen Imperialismus wurden die Prinzipien der

Gleichheit und Nichtdiskriminierung dabei zu fundamentalen Menschenrechten.

Das zentrale Datum für diesen Wandel des Völkerrechts ist die Gründung der Vereinten Nationen (UN) am 26. Juni 1945 in San Francisco. Sie markiert, wie man im völkerrechtswissenschaftlichen Diskurs sagt, eine »kopernikanische Wende im Völkerrecht« (Tomuschat 1992, S. 5), von der ausgehend der Menschenrechtsschutz Schritt für Schritt internationalisiert wurde.

3.1.1 Die Charta der Vereinten Nationen

Unmittelbarer Anlass für die Einbeziehung der Menschenrechte ins Völkerrecht waren die Unrechtserfahrungen des Zweiten Weltkriegs, des Totalitarismus und des Völkermords an den Juden. Viele Völkerrechtler erkannten, dass das klassische Völkerrecht mit seiner Grundnorm staatlicher Souveränität auf diese Unrechtserfahrungen nicht angemessen reagieren konnte, und griffen gegenüber dem damals noch verbreiteten Rechtspositivismus wieder auf ältere Naturrechtsideen zurück (vgl. z. B. Lauterpächt 1950; Maritain 1951). Bereits zwischen 1943 und 1945 mehrten sich die Initiativen für die völkerrechtliche Verankerung von Menschenrechten. Konkrete Vorschläge für eine »international bill of rights« wurden vorgelegt, die jeweils mit unterschiedlichen Akzentuierungen sowohl bürgerliche und politische als auch soziale und ökonomische Menschenrechte, teils auch Menschenpflichten umfassten. Die Internationale Arbeitsorganisation (ILO) hatte einen entsprechenden Vorschlag unterbreitet, ebenso aber auch nationale und internationale Nichtregierungsorganisationen, wie etwa das Institut de Droit International, das American Institute of Law, das American Jewish Committee sowie das Inter-American Juridical Committee. All diese Vorschläge lassen bereits den neuen Akzent auf Gleichheit und Nichtdiskriminierung erkennen, der für den globalen Menschenrechtsdiskurs charakteristisch werden sollte.¹

Auch die Regierungen der Alliierten setzten sich für eine internationale Stärkung der Menschenrechte ein. So entwarf der damalige US-amerikanische Präsident Franklin D. Roosevelt in seiner berühmten *State of the Union Address* vom 6. Januar 1941 vor dem amerikanischen Kongress die Vision einer neuen Weltordnung, welche die Rede- und Meinungsfreiheit, die Religionsfreiheit sowie die Freiheit von Not und von Angst beinhalten sollte.² Ähnliche Formulierungen finden sich in der im Sommer desselben Jahres von Roosevelt gemeinsam mit dem britischen Premierminister Winston Churchill verabschiedeten *Atlantic Charter*, in der erste Perspektiven einer Nachkriegsordnung entworfen wurden, sowie in der von 26 Staaten unterzeichneten *Joint Declaration of United Nations* von 1942 (Opitz 2002, S. 254–257). In ihrem auf der Konferenz von Dumberton Oaks (1944) verfassten Entwurf für die Charta der neu zu errichtenden Weltorganisation klammerten Großbritannien, die UdSSR und die USA die Menschenrechte jedoch aus Sorge um Einmischung in die eigenen inneren Angelegenheiten aus.³ Es ist daher dem Einfluss lateinamerikanischer Staaten (Chile, Panama, Kuba) und einiger Nichtregie-

---

1 In Artikel 1 der *Internationalen Erklärung der Menschenrechte*, die 1929 vom Institut du Droit International unterbreitet wurde, heißt es beispielsweise: »Es ist die Pflicht jeden Staates, jedem Individuum das gleiche Recht auf das Leben, seine Freiheit und sein Eigentum zuzuerkennen und allen in seinem Gebiete vollen und ganzen Schutz dieses Rechtes zu gewährleisten, ohne Unterschied der Nationalität, des Geschlechts, der Rasse, der Sprache oder der Religion.« (zitiert nach Maritain 1951, S. 99; frz. Original in Opitz 2002, S. 248–250).

2 Die Rede ist abgedruckt in *Human Rights Quarterly*, 6. Jg., 1984, S. 384 ff.

3 Großbritannien verfügte noch über Kolonien, die USA nahmen eine *De-jure*-Diskriminierung der schwarzen Bevölkerung in den Süd-

rungsorganisationen zu verdanken, dass der internationale Menschenrechtsschutz auf der Konferenz von San Francisco (1945) dann doch in die Zielbestimmungen der Vereinten Nationen (UN) aufgenommen wurde (vgl. Lauren 2003, S. 166ff.).

In ihrer Präambel nimmt die *UN-Charta* explizit auf die Erfahrungen von Krieg und Totalitarismus Bezug und formuliert eine Friedensvision, zu deren Grundlage auch der »Glaube an die Grundrechte des Menschen, an Würde und Wert der menschlichen Persönlichkeit, an die Gleichberechtigung von Mann und Frau sowie von allen Nationen, ob groß oder klein« gehört. Ähnliche, allerdings anders akzentuierte Bezüge stellt die Verfassung der Organisation der Vereinten Nationen für

Die Charta der Vereinten Nationen (26. Juni 1945) – Auszug

»*Kapitel I. Ziele und Grundsätze*
Artikel 1 [Ziele der Vereinten Nationen]
Die Vereinten Nationen setzen sich folgende Ziele: [...]
3. eine internationale Zusammenarbeit herbeizuführen, um internationale Probleme wirtschaftlicher, sozialer, kultureller und humanitärer Art zu lösen und die Achtung vor den Menschenrechten und Grundfreiheiten für alle ohne Unterschied der Rasse, des Geschlechts, der Sprache oder der Religion zu fördern und zu festigen.

Kapitel IV. Die Generalversammlung
Artikel 13 [Internationale Zusammenarbeit und Völkerrecht]
(1) Die Generalversammlung veranlasst Untersuchungen und gibt Empfehlungen ab, [...]
b) um die internationale Zusammenarbeit auf den Gebieten der Wirtschaft, des Sozialwesens, der Kultur, der Erziehung und der Gesundheit zu fördern und zur Verwirklichung der Menschenrechte und Grundfreiheiten für alle ohne Unterschied der Rasse, des Geschlechts, der Sprache oder der Religion beizutragen.

---

staaten hin, und auch die Sowjetunion unter Stalin hatte große Vorbehalte gegenüber eventuellen Einmischungen in innere Angelegenheiten.

Erziehung, Wissenschaft und Kultur (UNESCO) vom 16. November 1945 her. Ausgehend von der Feststellung, »dass, da Kriege im Geist der Menschen entstehen, auch die Bollwerke des Friedens im Geist der Menschen errichtet werden müssen«, formuliert sie das Ziel, »durch Förderung der Zusammenarbeit zwischen den Völkern auf den Gebieten der Erziehung, der Wissenschaft und Kultur zur Wahrung des Friedens und der Sicherheit beizutragen, um in der ganzen Welt die Achtung

Kapitel IX. Internationale Zusammenarbeit auf wirtschaftlichem und sozialem Gebiet
Artikel 55 [Wirtschaftliche und soziale Ziele]
Um jenen Zustand der Stabilität und Wohlfahrt herbeizuführen, der erforderlich ist, damit zwischen den Nationen friedliche und freundschaftliche, auf der Achtung vor dem Grundsatz der Gleichberechtigung und Selbstbestimmung der Völker beruhende Beziehungen herrschen, fördern die Vereinten Nationen [...]
c) die allgemeine Achtung und Verwirklichung der Menschenrechte und Grundfreiheiten für alle ohne Unterschied der Rasse, des Geschlechts, der Sprache oder der Religion.

Artikel 56 [Zusammenarbeit der Mitglieder]
Alle Mitgliedstaaten verpflichten sich, gemeinsam und jeder für sich mit der Organisation zusammenzuarbeiten, um die in Artikel 55 dargelegten Ziele zu erreichen.

Kapitel X. Der Wirtschafts- und Sozialrat
Artikel 62 [Zuständigkeit für Empfehlungen, Übereinkommen, Konferenzen]
(2) Er [der Wirtschafts- und Sozialrat] kann Empfehlungen abgeben, um die Achtung und Verwirklichung der Menschenrechte und Grundfreiheiten für alle zu fördern

Artikel 68 [Einsetzung von Kommissionen]
Der Wirtschafts und Sozialrat setzt Kommissionen für wirtschaftliche und soziale Fragen und für die Förderung der Menschenrechte sowie alle sonstigen zu Wahrnehmung seiner Aufgaben erforderlichen Kommissionen ein.«

vor Recht und Gerechtigkeit, vor den Menschenrechten und Grundfreiheiten zu stärken« (Artikel 1). Beide Präambeln lassen die Intention erkennen, durch die Einbeziehung von Menschenwürde und Menschenrechten in das Völkerrecht das internationale Staatensystem auf eine neue Grundlage zu stellen (vgl. auch Lauterpächt 1950, S. 147). Staaten, die in ihrem Inneren die Menschenrechte achteten, so die damalige Überzeugung, würden keine Bedrohung für den Weltfrieden mehr darstellen.

Die Verwirklichung der Menschenrechte wird in Artikel 1 der *UN-Charta* – neben der kollektiven Sicherung des Weltfriedens und der Förderung internationaler Kooperation – als eines der Hauptziele der Vereinten Nationen bestimmt. Aus dieser allgemeinen Zielbestimmung leitet sich die Verpflichtung aller Mitgliedstaaten ab, durch internationale Zusammenarbeit zur Förderung der Menschenrechte beizutragen (Artikel 55 und 56).

Abgesehen von den Prinzipien der Gleichheit und Nichtdiskriminierung (vgl. Artikel 1 (3)) enthält die *Charta* allerdings keine näheren Aussagen über den genauen Gehalt der Menschenrechte, geschweige denn eine verbindliche Liste international anzuerkennender Menschenrechte. Zwar hatten lateinamerikanische Staaten sowie Nichtregierungsorganisationen konkrete Rechtskataloge vorgeschlagen und darauf gedrängt, die Generalversammlung möge eine rechtsverbindliche Menschenrechtskonvention in die *Charta* einbeziehen (vgl. Opitz 2002, S. 258–263). Aufgrund des Widerstands der Großmächte, die durch eine internationale Kodifikation von Menschenrechten ihre eigenen nationalen Interessen empfindlich berührt sahen, wurden diese Initiativen jedoch nicht aufgegriffen.

Die *UN-Charta* ist gleichwohl von zentraler Bedeutung für die Entwicklung des internationalen Menschenrechtsschutzes. Erstens stellte sie die völkerrechtliche Grundlage für die weitere Norm*setzung* im Bercich der Menschenrechte durch die Vereinten Nationen (UNO) dar. Die Generalversammlung, in der alle Mitgliedstaaten der Organisation – 1945 waren es 51, heute (Stand: 31.3.2005) sind es 191 – repräsentiert sind, besitzt die Kompetenz, Empfehlungen zur Verwirklichung der Menschenrechte auszusprechen (Artikel 13), der Wirtschafts- und Sozialrat (Economic and Social Council, ECOSOC) gibt ebenfalls Empfehlungen ab, und er setzt darüber hinaus Kommissionen zur Förderung der Menschenrechte ein (Artikel 62 und 68). Bereits frühzeitig wurde auf der Basis von Artikel 68 eine aus diplomatischen Vertretern von 18 Staaten bestehende Menschenrechtskommission (Commission on Human Rights, CHR) eingesetzt, die den Auftrag erhielt, Vorschläge für eine »international bill of rights«, für Erklärungen zu bürgerlichen Freiheiten, Frauenrechten und Informationsfreiheit, für den Schutz von Minderheiten, für die Verhinderung von Diskriminierung und für sonstige Fragen des Menschenrechtsschutzes zu erarbeiten. Die Menschenrechtskommission, der mittlerweile Vertreter von 53 nach regionalen Quoten ausgewählten Mitgliedstaaten angehören, ist bis heute das politische Zentralorgan des Menschenrechtsschutzes der Vereinten Nationen.

Zweitens stellte die *UN-Charta* auch die Grundlage für Verfahren der Norm*durchsetzung* im Bereich der Menschenrechte, die so genannten »charter-based mechanisms«, dar. Gestützt auf Artikel 68 erweiterte der ECOSOC in seiner Resolution 1235 (XLII) von 1967 die Kompetenzen der Menschenrechtskommission und ihrer aus unabhängigen Experten bestehenden Unterkommission zur Verhinderung von Diskriminierung und zum Schutz von Minderheiten (»Subcommission on the Prevention of Discrimination and the Protection of Minorities«). Sie wurden ermächtigt, Informationen zu gravierenden Menschenrechtsverletzungen, insbesondere der Apartheid in Südafrika, zu untersuchen, dazu eigene Arbeitsgruppen und Sonderberichterstatter einzusetzen und Vorortuntersuchungen (*In-situ*-Investigationen) durchzuführen. Eine weitergehende

Kompetenz wurde 1970 durch die Resolution 1503 (XLVIII) des ECOSOC geschaffen, die ein individuelles Petitionsverfahren etablierte. Dieses Beschwerdeverfahren ist allerdings recht hochschwellig, weil nur Klagen über eine systematische, schwere und nachweisbare Verletzung von Menschenrechten zulässig sind, also keine Einzelfälle untersucht werden. Mit einem Gerichtsverfahren ist dieses so genannte »1503-Verfahren« nicht zu vergleichen, weil die Prüfung der Beschwerden nicht öffentlich und vor allem nicht sanktionsbehaftet ist. Sein informeller Charakter ermöglicht aber durchaus einen kontinuierlichen Dialog der Regierungen untereinander zum Thema Menschenrechte.

3.1.2 Die Allgemeine Erklärung der Menschenrechte

Sowohl die USA als auch die UdSSR hatten ihren Einfluss auch nach Verabschiedung der *UN-Charta* dahingehend geltend gemacht, dass der Wirtschafts- und Sozialrat und die Menschenrechtskommission, die 1947 unter Leitung von Eleanore Roosevelt ihre Arbeit aufnahm, zunächst keine Konvention, sondern nur eine rechtlich unverbindliche Deklaration der Menschenrechte entwerfen sollte. Am mehrstufigen Diskussionsprozess in der Menschenrechtskommission waren neben Eleanore Roosevelt vor allem die folgenden Personen beteiligt: John P. Humphrey (Kanada), René Cassin (Frankreich), Peng-Chun Chang (China), Charles Habib Malik (Libanon), Hernan Santa Cruz (Chile) und Alexie P. Pavlov (UdSSR). Humphrey, ein sozialistischer Völkerrechtler, war der Verfasser des ersten in der Kommission diskutierten Entwurfs, René Cassin gilt als Redakteur der endgültigen Textfassung, die schließlich der Generalversammlung (General Assembly, GA) der Vereinten Nationen in Paris vorgelegt wurde und die nach einigen Änderungen am 10. Dezember 1948 in GA Resolution 217 (III) als *Allgemeine Erklärung der Menschenrechte* (United Declaration of Human Rights, UDHR) verabschiedet wurde (vgl. Anhang). Die Erklärung wurde ohne Gegenstimmen und bei Enthaltungen von Jugoslawien, Polen, Saudi-Arabien, der Sowjetunion, Südafrika, der Ukraine und Weißrussland mit einer Mehrheit von 48 Staaten angenommen, von denen 36 in christlicher, zehn in muslimischer und vier in buddhistischer bzw. konfuzianischer Tradition standen.

Mit der *Allgemeinen Erklärung der Menschenrechte* wurde ein erster und entscheidender Schritt auf dem Weg der inhaltlichen Konkretisierung international garantierter Menschenrechte gegangen. Dass mit ihr eine originäre Neuinterpretation der europäischen Menschenrechtsidee verbunden war, versteht man, wenn man einen genaueren Blick auf die Diskussionen während der so genannten *travaux préparatoires*, der Vorbereitungen der Deklaration, in der Menschenrechtskommission wirft (vgl. Glendon 2001; Morsink 1999).

(a) Der erste und vielleicht zentrale Aspekt dieser Neuinterpretation der Menschenrechte ist der entschiedene **Universalismus** der UDHR. Bereits in der Präambel werden die Würde und die Rechte *aller* Menschen unterstrichen, und in Artikel 1 heißt es: »Alle Menschen sind frei und gleich an Würde geboren. Sie sind mit Vernunft und Gewissen begabt und sollen einander im Geiste der Brüderlichkeit begegnen.« Bei aller semantischen Kontinuität zur amerikanischen und französischen Menschenrechtserklärung war es die bewusste Intention der Autoren, ein grundsätzlich neues Rechtsdokument zu schaffen, das von vornherein universale Geltung beanspruchen können sollte. Dies zeigt mit besonderer Deutlichkeit die prominente Bedeutung des Diskriminierungsverbots, das der europäischen Verfassungstradition fremd war und nicht nur antifaschistisch, sondern auch antiimperialistisch motiviert war. Ganz explizit stellt Artikel 2 im Kontext des Verbots jeglicher Diskriminierung aufgrund von Rasse, Hautfarbe, Geschlecht, Sprache, Religion, Überzeugung, Herkunft, Eigentum oder Geburt klar, dass Menschenrechte auch in den noch unter kolonialer Herrschaft befindlichen Gebieten gelten sollten.

Der Universalitätsanspruch der UDHR zeigt sich auch darin, dass die Autoren es vermieden, die Menschenrechte in irgendeiner Form theologisch oder philosophisch zu begründen. Zwar versuchten der brasilianische und der niederländische Delegierte, Bezüge auf die Gottesebenbildlichkeit des Menschen in den ersten Artikel des Dokuments einzufügen. Doch ebenso wie andere Versuche, die Menschenrechte metaphysisch oder anthropologisch zu verankern, wurde dieser Vorschlag von den kommunistischen Staaten, von Chile und insbesondere vom damals noch nationalrepublikanisch regierten China abgelehnt. Chang beispielsweise argumentierte folgendermaßen: China repräsentiere einen großen Teil der Menschheit mit Idealen und Traditionen, die sich von der christlichen Welt unterschieden, würde aber gleichwohl davon Abstand nehmen, deren Erwähnung in der Erklärung zu fordern; er erwarte daher von seinen Kollegen, ihre Ergänzungen zu Artikel 1, soweit sie metaphysische Implikationen hätten, zurückzuziehen, da auch für die christliche Zivilisation die Zeit religiöser Intoleranz vorbei sei (Morsink 1999, S. 286; vgl. auch de Bary 1998, S. 7). Ähnlich betonte der philippinische Vertreter, die Erklärung »should take the different cultural systems of the world into account« (zitiert nach Morsink 1999, S. 21). Angesichts der Vielfalt der Kulturen und Zivilisationen verlangte der Universalismus der Menschenrechte offenbar, dass sie begründungsoffen formuliert werden mussten (vgl. auch Glendon 2001, S. 146).

Vor diesem Hintergrund wiesen die Autoren den Vorwurf, die Menschenrechte seien ein europäisches oder westliches Kulturgut und damit nicht übersetzbar, dezidiert zurück. Den Vorwurf des Eurozentrismus, der bis heute ein Topos in den Kontroversen über die Menschenrechte ist (vgl. 4.2.(b)), sahen sie nicht zuletzt deswegen als entkräftet an, weil im Verlauf der *travaux préparatoires* mehrfach Vorschläge von Nichtregierungsorganisationen und Vertretern verschiedener Zivilisationen eingeholt und diskutiert wurden. Sie hielten daher an ihrer Idee der Menschenrechte als einem universalen, »von allen Völkern und Nationen zu erreichenden gemeinsamen Ideal« (Präambel UDHR) fest.

(b) Ein zweites Merkmal der *Allgemeinen Erklärung der Menschenrechte* ist die Idee der **Unteilbarkeit** der Menschenrechte, also die Vorstellung, dass die unterschiedlichen Typen von Rechten einen Zusammenhang bilden und sich wechselseitig bedingten. So umfasst die UDHR mit den Artikeln 3 bis 21 bürgerliche Abwehr- und politische Teilhaberechte, wie sie für die westliche Verfassungstradition (oder zumindest für deren gegenwärtiges Selbstverständnis) charakteristisch sind. Gleichzeitig beinhaltet sie mit den Artikeln 22 bis 27 aber auch eine Reihe von ökonomischen, sozialen und kulturellen Anspruchsrechten, die seit der Mexikanischen Revolution (1917) gerade in der lateinamerikanischen Verfassungstradition fest verankert waren. Humphrey hatte einige Artikel direkt aus lateinamerikanischen Verfassungen oder den von Panama, Chile und Kuba eingebrachten Menschenrechtskatalogen übernommen, so das Recht auf Arbeit (Artikel 23), das Recht auf Erholung und Freizeit (Artikel 24) und das Recht auf Teilnahme am kulturellen Leben (Artikel 27). Zwar wird die zweite Gruppe von Rechten von der ersten Gruppe abgegrenzt, indem sie durch Artikel 22 dem allgemeinen Recht auf soziale Sicherheit zugeordnet wird. Bei genauer Analyse der Entstehung gerade dieses Artikels wird indessen deutlich, dass die Autoren, unter ihnen vor allem Santa Cruz, die Bedeutung der ökonomischen, sozialen und kulturellen Rechte damit nicht herabsetzen, sondern gerade unterstreichen wollten und insgesamt von einer organischen Einheit aller Rechte ausgingen (vgl. Morsink 1999, S. 222–238). Cassin hat dies in seiner bildlichen Darstellung der UDHR als antikem Tempel anschaulich zum Ausdruck gebracht: Auf einem Sockel der Würde, Freiheit, Gleichheit und Brüderlichkeit ruhen vier Säulen – Artikel 3–11 mit den Rechten auf Leben, Freiheit und Sicherheit, Artikel 12–17 mit den Rechten in der bürgerlichen Gesellschaft, Artikel 18–21 mit den Rechten im Staat und Artikel 22–27 mit den sozialen, ökonomischen und kulturellen Rechten –, die überdacht werden durch die Artikel 28–30, in denen die Menschenrechte in eine angemessene soziale und internationale Ordnung eingebettet, die Pflichten des Menschen gegenüber der Gemeinschaft bestimmt und die immanenten Schranken der Rechte festgelegt werden (vgl. Glendon 2001, S. 172 ff.).

Die häufig anzutreffende Unterscheidung von drei Generationen von Menschenrechten erscheint vor diesem Hintergrund missverständlich. Dass die (liberalen und politischen) Rechte der »ersten Generation«, den (sozialen, ökonomischen und kulturellen) Rechten der »zweiten Generation« und den Solidaritätsrechten der »dritten Generation« zeitlich und normativ vorgeordnet seien, entspricht zumindest nicht dem Anliegen der UDHR.[4] Vielmehr scheint es eine Besonderheit der internationalen Institutionalisierung der Menschenrechte zu sein, von Anfang an äußerst umfangreiche normative Erwartungen gegenüber Staaten zu formulieren und in entsprechend diversifizierten Rechtskatalogen festzuhalten. Dass dies allerdings Kontroversen und Konflikte um die Deutung der Menschenrechte provoziert, zeigen die Schwierigkeiten, unter denen die in der UDHR proklamierten Rechte später in Konventionen mit rechtsverbindlichem Charakter kodifiziert wurden (Glendon 2001, S. 190 f.).

(c) Ein drittes Merkmal der *Allgemeinen Erklärung der Menschenrechte* ist schließlich, dass Menschenrechte als **unveräußerliche** und von der internationalen Staatengemeinschaft zu

---

4 Man hat daher vorgeschlagen, anstatt von den drei »Generationen« von den drei »Dimensionen« der Menschenrechte zu sprechen; vgl. Riedel 2003, S. 329–361.

schützende Rechte verstanden wurden. Mit großer Vehemenz wurden die Forderungen der sowjetischen Delegation, die Garantie von Menschenrechten anderen Funktionen des Staates, etwa der materiellen Umverteilung, nachzuordnen, zurückgewiesen. Argumentierte Pavlov, dass in einer klassenlosen Gesellschaft die Interessen von Staat und Individuum grundsätzlich eine Einheit bildeten, so hielten Humphrey, Cassin und Santa Cruz dagegen, dass die Rechte des Individuums dem Staat vorgelagert seien (vgl. Morsink 1999, S. 22 f., 38). Dieser Dissens war übrigens der Anlass für die kommunistischen Mitgliedstaaten, sich bei Verabschiedung der UDHR ihrer Stimme zu enthalten.

Dass mit der Betonung ihres unveräußerlichen und vorpolitischen Charakters eine originäre Neuinterpretation der Menschenrechte verbunden war, zeigt sich darin, dass in der UDHR Rechte proklamiert wurden, die in kaum einer der damaligen Nationalverfassungen enthalten waren und deren Schutz nicht anders als durch internationale Kooperation zu erzielen war. Dies sind neben den Rechten auf soziale Sicherheit und auf eine angemessene soziale und internationale Ordnung (Artikel 22) insbesondere auch diejenigen Rechte, die unter dem direkten Eindruck des Holocausts und des Entzugs der Staatsangehörigkeit ganzer Bevölkerungsgruppen formuliert worden waren: das Recht auf Freizügigkeit und Auswanderungsfreiheit (Artikel 13), das Asylrecht (Artikel 14) und schließlich das Recht auf Staatsangehörigkeit (Artikel 15). Gerade an diesem Punkt zeigt sich ein Unterschied zur älteren, europäischen politischen Theorie: Die Menschenrechtsidee impliziert nunmehr den Gedanken, dass Menschen als Menschen und nicht als Staatsbürger Rechte besitzen, die international garantiert werden.

Die historische Bedeutung der *Allgemeinen Erklärung der Menschenrechte* liegt in ihrem programmatischen Charakter. Obwohl der in ihr formulierte Katalog von Rechten zunächst nicht völkerrechtlich verbindlich war, verkörperte er einen von der damaligen Staatengemeinschaft anerkannten Normenbestand, von dem ausgehend sich dann die weitere völkerrechtliche Kodifikation von Menschenrechten vollzogen hat. In beinahe allen nachfolgenden völkerrechtlichen Menschenrechtskonventionen wird explizit auf die UDHR Bezug genommen. Durch die Formulierung einzelner Rechte hatte die UDHR ferner auch eine Vorbildfunktion für andere regionale und nationale Menschenrechtskataloge und prägte damit die Verfassungsentwicklung des 20. Jahrhunderts.

3.1.3 Globaler Menschenrechtsschutz

Ausgehend von der *UN-Charta* und der *Allgemeinen Erklärung der Menschenrechte* ist in der zweiten Hälfte des 20. Jahrhunderts eine Vielzahl von Menschenrechtsnormen in internationalen Erklärungen und Konventionen fixiert worden. Um diesen Prozess angemessen einordnen zu können, ist es hilfreich, sich zunächst die **Rechtsquellen** des post-Westfälischen Völkerrechts zu vergegenwärtigen. Im völkerrechtswissenschaftlichen Schrifttum werden sie zumeist aus Artikel 38 (1) des Statuts des Internationalen Gerichtshofs (International Court of Justice, ICJ) von 1945 hergeleitet. Dort werden die gewohnte Praxis des zwischenstaatlichen Verkehrs, multilaterale Verträge und allgemeine Rechtsgrundsätze wie etwa die Prinzipien des *bona fide* oder die Pflicht zur Einhaltung von Verträgen (*pacta sunt servanda*) als die drei maßgeblichen Quellen des Völkerrechts aufgelistet, wobei die Rechtsprechung und die völkerrechtliche Lehre als Interpretationshilfen gelten (vgl. Dahm/Delbrück/Wolfrum 1989, S. 48–76; Kimminich/Hobe 2000, S. 166; Shaw 2003, S. 65–119).[5]

---

5 Völkerrechtler in der angelsächsischen *common-law*-Tradition sehen auch in der Rechtsprechung durch internationale Gerichte eine eigenständige Quelle des Völkerrechts; vgl. Shaw 2003, S. 67.

Erwähnenswert sind auch diejenigen Normen, die in Deklarationen und Empfehlungen internationaler Organisationen artikuliert werden, völkerrechtlich aber nicht bindend sind (*soft law*). Ihre Bedeutung ist darin zu sehen, dass sie oft den Ausgangspunkt der Kodifizierung völkerrechtlich bindender Rechtsnormen darstellen. Quer zur Unterscheidung der Quellen des Völkerrechts – Gewohnheitsrecht, Vertragsrecht, Rechtsgrundsätze, Jurisprudenz und Schrifttum – steht die Hierarchie rechtlicher Normen. Hier ist im post-Westfälischen Völkerrecht der Normbestand des zwingenden Rechts (*ius cogens*) erweitert worden. Damit sind Rechtsnormen gemeint, die nach Artikel 53 der Wiener Vertragsrechtskonvention von 1969 den Inhalt möglicher völkerrechtlicher Verträge zwischen souveränen Staaten beschränken. Der genaue Umfang der *ius cogens*-Normen ist im völkerrechtlichen Schrifttum umstritten. Aus einem einschlägigen Urteil des ICJ von 1970, in welchem einige für alle Staaten bestehende Verpflichtungen, so genannte *erga omnes*-Normen, erwähnt werden, lässt sich aber schließen, dass neben der Ächtung von Angriffskriegen und Völkermord gerade solche »grundlegenden« Menschenrechte wie das Verbot von Folter, Sklaverei und Rassendiskriminierung zum *ius cogens* gehören und damit der freien Disposition der Staaten entzogen sind (vgl. Shaw 2002, S. 116).

Menschenrechte sind allgemein mit der *UN-Charta*, einem multilateralen Vertrag, zum Bestandteil des Völkerrechts geworden. Die Institutionalisierung einzelner Menschenrechtsnormen erfolgte dann aber zumeist über den Umweg des *soft law*, durch Deklarationen der Vereinten Nationen, mit denen die internationale Staatengemeinschaft die Absicht der weiteren Kodifizierung zum Ausdruck brachte. Dies gilt vor allem für die UDHR, die mittlerweile sogar von vielen als Bestandteil des Völkergewohnheitsrechts eingeschätzt wird (vgl. Meron 1989). Von ihr ausgehend sind in einem langwierigen Prozess

Menschenrechtskonventionen verabschiedet wurden, die, nachdem genügend Staaten sie ratifiziert haben, völkervertragsrechtlich bindend und in manchen Staaten sogar in die eigene Rechtsordnung inkorporiert wurden.[6] In einer ersten Phase, die mit der Verabschiedung der wichtigsten Menschenrechtskonventionen in den sechziger Jahren ihren Abschluss fand, erfolgte die Konsolidierung des Bestands allgemeiner und spezieller Menschenrechtsnormen (a). Darauf aufbauend wurden in einer zweiten, von 1966 bis 1989 andauernden Phase Organe und Verfahren zur Kontrolle und Implementierung der Menschenrechte etabliert, deren Effektivität allerdings begrenzt blieb (b). Einen weiteren Schub erfuhr die Spezifikation und Diversifikation von Menschenrechtsnormen nach 1989, dann auch begleitet vom verstärkten Bemühen um ihre effektive Durchsetzung (c).

(ad a) Die wichtigsten **Menschenrechtskonventionen** sind der am 16. Dezember 1966 von der UN-Generalversammlung verabschiedete Internationale Pakt für bürgerliche und politische Rechte (International Covenant on Civil and Political Rights, ICCPR),[7] auch **Zivilpakt**, und der zeitgleich verabschiedete Internationale Pakt für wirtschaftliche, soziale und kulturelle Rechte (International Covenant on Economic, Social and Cultural Rights, ICESCR)[8] oder auch **Sozialpakt**. Beide halten in einem gleichlautenden Artikel 1 das Selbstbestimmungsrecht der Völker fest, das mit der *Erklärung über die Unabhängigkeit kolonialer Länder und Völker* (GA Resolu-

---

6 Ob mit ihrer Ratifizierung die in völkerrechtlichen Verträgen niedergelegten Menschenrechte direkt in binnenstaatliches Recht inkorporiert werden, variiert zwischen den Staaten. Kontinentaleuropäisch geprägte Rechtssysteme neigen eher dazu; Länder mit angelsächsisch geprägtem *common law* sind hier zurückhaltender, weil sie den Richtern höhere Autonomie zugestehen.
7 UNTS, Vol. 993: 171, in Kraft getreten am 3. Januar 1976.
8 UNTS, Vol. 999: 171, in Kraft getreten am 23. März 1976.

tion 1514 (XV) vom 14. Dezember 1960) völkerrechtlich anerkannt worden war.[9] In Artikel 2 formulieren sie beide das Verbot jeglicher Diskriminierung, in Artikel 3 die Verpflichtung zur Gleichberechtigung von Mann und Frau; im Anschluss listen sie die einzelnen Rechte auf.

Abgesehen von den jeweiligen Rechtskatalogen gibt es vier grundlegende Unterschiede zwischen dem Zivil- und dem Sozialpakt. Erstens verpflichten sich die Vertragsstaaten nach Artikel 2 (1) des Zivilpakts darauf, die im Pakt anerkannten Rechte zu achten und zu gewährleisten, während sie nach Artikel 2 (1) des Sozialpakts lediglich ihre Bereitschaft erklären, alle in ihrer Verfügung stehenden Maßnahmen zur Verwirklichung der dort anerkannten Rechte zu ergreifen. Es wird in der Formulierung also deutlich zwischen den Abwehr- und Teilhaberechten des Zivilpakts und den Anspruchsrechten des Sozialpakts unterschieden.

Dies zeigt sich, zweitens, auch darin, dass nur der Zivilpakt in Artikel 4 (2) einzelne Rechte hervorhebt, die selbst im Falle eines Notstandes nicht außer Kraft gesetzt werdend dürfen. Bei diesen notstandsfesten Rechten (»non-derogable rights«) handelt es sich im Einzelnen um das Recht auf Leben (Artikel 6), das Folterverbot (Artikel 7), das Verbot der Sklaverei und Zwangsarbeit (Artikel 8), das Verbot der Inhaftierung bei Nichterfüllung eines Vertrags (Artikel 11), das Verbot der Bestrafung ohne gesetzliche Grundlage (*nulla poena sine lege*, Artikel 15), das Recht auf Rechtsfähigkeit (Artikel 16) und das Recht auf Gedanken-, Gewissens- und Religionsfreiheit (Artikel 18).

Drittens wird durch den Zivilpakt ein eigenständiges, von

---

9 UN Doc. A/4684 (1961), S. 66. Die Erklärung, die in der UN-Generalversammlung mit den Stimmen der gerade unabhängig gewordenen Staaten verabschiedet wurde, kritisiert den Kolonialismus explizit als »denial of fundamental human rights« (Artikel 1) und anerkennt das »right to self-determination«.

18 durch die UN Generalversammlung gewählten unabhängigen Experten unterschiedlicher Staatsangehörigkeit besetztes Kontrollorgan, der Menschenrechtsausschuss (Human Rights Committee, HRC), geschaffen, während die Kontrolle über die Umsetzung des Sozialpakts dem ECOSOC, also einem politischen Gremium übertragen wird.

Viertens schließlich wurde mit dem Zivilpakt ein Fakultativprotokoll (ICCPR-OP) verabschiedet, das den Menschenrechtsausschuss ermächtigt, individuelle Beschwerden über Menschenrechtsverletzungen zu prüfen und dazu Stellungnahmen abzugeben. Durch dieses Protokoll räumen die unterzeichnenden Staaten Einzelpersonen die Möglichkeit ein, sich bei Verletzung eines der im Zivilpakt kodifizierten Menschenrechte nach Ausschöpfen aller innerstaatlichen Rechtsmittel direkt an den Menschenrechtsausschuss zu wenden. Dies Verfahren geht über die anderen vorgesehenen Durchführungsmechanismen, die obligatorischen Staatenberichte (Artikel 40 ICCPR und Artikel 16–21 ICESCR) und die Staatenbeschwerde (Artikel 41 ICCPR), deutlich hinaus, weil der Ausschuss durch die Behandlung von Einzelfällen Gelegenheit zur eigenen Rechtsprechung und damit zur Weiterentwicklung der Menschenrechtsnormen erhält. Obwohl der Ausschuss keine Kompetenz zur Durchsetzung seiner Entscheidungen hat, stellt die Möglichkeit, dass Individuen sich an eine internationale Autorität wenden und ihre Staaten dort anklagen können, einen wichtigen Schritt zur Implementierung von Menschenrechten dar.

Gemeinsam mit der *Allgemeinen Erklärung der Menschenrechte* bilden der Zivil- und der Sozialpakt die »International Bill of Human Rights« und stellen den Kern des Normbestands allgemeiner Menschenrechte dar. Daneben sind in der Phase zwischen 1945 und 1966 aber weitere Menschenrechtskonventionen verabschiedet worden, die die Rechte für einzelne Problemfelder und Personengruppen spezifizieren. Die bekanntesten unter ihnen sind die *Konvention über die Verhütung und Bestrafung des Völkermords* (1948)[10], das *Abkommen über die Rechtsstellung der Flüchtlinge* (1951)[11] und das *Übereinkommen über die Rechtsstellung der Staatenlosen* (1954)[12]. Zu erwähnen ist aber auch das *Internationale Übereinkommen zur Beseitigung jeder Form von Rassendiskriminierung* (ICERD) von 1966, das die Prinzipien der Gleichheit und Nichtdiskriminierung näher spezifiziert und große Bedeutung für den bis heute dominanten Anti-Rassismus-Diskurs innerhalb der Vereinten Nationen hat.[13] Ähnlich wie der Zivilpakt etabliert auch dieses Abkommen ein eigenständiges Durchführungsorgan (Committee on the Elimination of Racial Discrimination, CERD), das, sofern sich die Staaten ihm unterwerfen, die Kompetenz zur Untersuchung von Individualbeschwerden besitzt.

(ad b) Nachdem sich der Bestand an Menschenrechtsnormen konsolidiert hatte, wurden in der zweiten Phase zwischen 1966 und 1989 Kontroll- und Durchsetzungsverfahren etabliert. Zunächst sind dabei die bereits erwähnten 1235- und 1503-Verfahren zu nennen. Von ihrer Kompetenz zur Untersuchung systematischer Menschenrechtsverletzungen hat die Menschenrechtskommission zunehmend Gebrauch gemacht, Sonderberichterstatter ernannt und eigene thematische Schwerpunkte der Menschenrechtsarbeit gesetzt. Die so genannten »charter-based mechanisms« waren allerdings nur begrenzt wirksam, weil Verurteilungen einflussreicher Staaten aufgrund der politischen Zusammensetzung der Menschenrechtskommission selten zustande kamen (vgl. Kapitel 4.2.2).

Wichtiger waren und sind daher die auf den Menschenrechtskonventionen basierenden Durchführungs- und Kontroll-

---

10 UNTS Bd. 78, S. 277; in Kraft getreten am 12. Januar 1951.
11 UNTS Bd. 189, S. 137; in Kraft getreten am 22. April 1954.
12 UNTS Bd. 360, S. 117; in Kraft getreten am 6. Juni 1960.
13 UNTS Bd. 660, S. 195; in Kraft getreten am 4. Januar 1969.

Die wichtigsten Menschenrechtskonventionen der Vereinten Nationen

Konvention	Ang./i. K.	Kontrollorgan
Internationales Übereinkommen zur Beseitigung jeder Form von Rassendiskriminierung (ICERD)	1965/1969	Ausschuss zur Beseitigung von Rassendiskriminierung (CERD)
Internationaler Pakt über bürgerliche und politische Rechte (ICCPR)	1966/1976	Menschenrechtsausschuss (HRC)
Internationaler Pakt über wirtschaftliche, soziale und kulturelle Rechte (ICESCR)	1966/1976	Ausschuss für wirtschaftliche, soziale und kulturelle Rechte (CESCR)
Übereinkommen zur Beseitigung jeder Form von Diskriminierung der Frau (CEDAW)	1979/1981	Ausschuss für die Beseitigung der Diskriminierung der Frau (CEDAW)
Übereinkommen gegen Folter und andere grausame, unmenschliche oder erniedrigende Behandlung (CAT)	1984/1987	Ausschuss gegen Folter (CAT)
Übereinkommen über die Rechte des Kindes (CRC)	1989/1990	Ausschuss für die Rechte des Kindes (CRC)
Internationale Konvention zum Schutz der Rechte aller Wanderarbeitnehmer und ihrer Familienangehörigen (MWC)	1990/2003	Ausschuss für Wanderarbeitnehmer (CMW)

ontrollverfahren	Ratifikationsstand (Stand: 31.3.2005)
aatenberichte (Art. 9) aatenbeschwerde (Art. 11) dividualbeschwerde (nach Zust. zu Art. 14)	170
aatenberichte (Art. 40) aatenbeschwerde (nach Zust. zu Art. 14) dividualbeschwerde (*nach Zust. zu Fakultativprotokoll*)	154 *104 (ICCPR-OP)*
aatenberichte (Art. 17)	151
aatenberichte (Art. 18) dividualbeschwerdeverfahren (*nach Zust. ı Fakultativprotokoll*) ertrauliche Untersuchung (*nach Zust. zu ıkultativprotokoll*)	179 *69 (CEDAW-OP)*
aatenberichte (Art. 19) aatenbeschwerde (nach Zust. zu Art. 21) dividualbeschwerde (nach Zust. zu 22) ertrauliche Untersuchung (Art. 20)	139
aatenberichte (Art. 40)	192
aatenberichte (Art. 74) aatenbeschwerde (nach Zust. zu Art. 76) dividualbeschwerde (nach Zust. zu Art. 77)	28

verfahren (»treaty-based mechanisms«). Das CERD beispielsweise nahm bereits 1967 seine Arbeit auf, nachdem 27 Staaten das Übereinkommen gegen Rassendiskriminierung unterzeichnet und ratifiziert hatten. Das bedeutendste Organ ist in diesem Zusammenhang aber der **Menschenrechtsausschuss** (HRC), der, nachdem der Zivilpakt durch 35 Staaten ratifiziert worden und in Kraft getreten war, 1976 eingerichtet wurde. Regelmäßig untersucht und kommentiert er seither die von den Mitgliedstaaten eingereichten Staatenberichte über die Maßnahmen zur Umsetzung der in der Konvention niedergelegten Rechte. Im Laufe der Zeit konnte die Effektivität dieses Verfahrens dadurch gesteigert werden, dass Informationen von Nichtregierungsorganisationen, wie etwa Amnesty International, in die turnusmäßigen Beratungen über die Staatenberichte aufgenommen und deren Ergebnisse wiederum der UN-Generalversammlung und damit der Weltöffentlichkeit vorgelegt wurden. Neben dem Staatenberichtsverfahren hat aber vor allem das Individualbeschwerdeverfahren nach dem ersten Fakultativprotokoll des Zivilpakts im Laufe der Zeit an Bedeutung gewonnen, da der Ausschuss in seinen Fallentscheidungen eine eigene Jurisprudenz entwickelt hat (vgl. Schilling 2004).[14] Dem Sozialpakt, der ebenfalls 1976 in Kraft trat, fehlte lange Zeit ein politisch unabhängiges Kontrollorgan; erst 1985 hat der ECOSOC seine Aufgaben einem aus Experten bestehenden Ausschuss (Committee on Economic, Social and Cultural Rights, CESCR) überantwortet, der nunmehr für die Überwachung des Staatenberichtsverfahrens zuständig ist.[15]

---

14 Zwischen 1977 und 1997 hat das HRC in 263 Fälle entschieden; davon wurde in 199 Fällen ein Rechtsverstoß gegen die Bestimmungen des ICCPR festgestellt.
15 Gegenwärtig gibt es Bemühungen, auch zum Sozialpakt ein Fakultativprotokoll zu verabschieden, das Individualbeschwerden zuließe.

Auch die Prozesse internationaler Normsetzung im Bereich der Menschenrechte haben sich in der zweiten Phase fortgesetzt. Ergänzend zum Zivilpakt ist 1989 ein zweites Fakultativprotokoll (ICCPR-OP2) verabschiedet worden, in dem sich die unterzeichnenden Staaten zur Abschaffung der Todesstrafe verpflichten.[16] Daneben sind eine Reihe von Deklarationen und Konventionen für den Schutz **spezieller Menschenrechte** verabschiedet worden. Die wichtigsten unter ihnen sind das Übereinkommen zur Beseitigung jeder Form der Diskriminierung von Frauen (CEDAW, 1978), das Übereinkommen gegen Folter und andere grausame, unmenschliche oder erniedrigende Behandlung oder Strafe (CAT, 1984) und das Übereinkommen über die Rechte des Kindes (CRC, 1989), für die ebenfalls eigenständige Kontroll- und Durchführungsorgane eingerichtet wurden. Trotz der politischen Gegensätze des Kalten Krieges, so lässt sich festhalten, hat sich bis 1989 eine kontinuierliche Rechtsentwicklung vollzogen, in deren Folge die Staaten zunehmend zur Einhaltung von Menschenrechten angehalten wurden und sich in der UNO ein komplexes Geflecht von Institutionen zum Schutz allgemeiner und spezieller Menschenrechte entwickelte.

(**ad c**) Dieser Trend der Rechtsentwicklung hat sich, wenngleich unter neuen geopolitischen Vorzeichen, nach 1989 fortgesetzt. Das wichtigste Datum in dieser Phase war die **Weltkonferenz für Menschenrechte in Wien** (1993), die in ihrer Abschlusserklärung die Visionen der *Allgemeinen Erklärung der Menschenrechte* bekräftigte.[17] Man bestätigte die Universalität, Unteilbarkeit und Interdependenz aller Menschenrechte, kritisierte die Position des kulturellen Relativismus und be-

---

16 GA Resolution 44/128 vom 15. Dezember 1989. Gegenwärtig (Stand 31.3.2005) haben 54 Staaten das zweite Fakultativprotokoll zum Zivilpakt unterzeichnet.
17 Vgl. UN Doc. A/Conf.157/24 [25. Juni 1993].

76 Menschenrechte in der Weltgesellschaft

Organigramm zum internationalen Menschenrechtsschutz der Vereinten Nationen

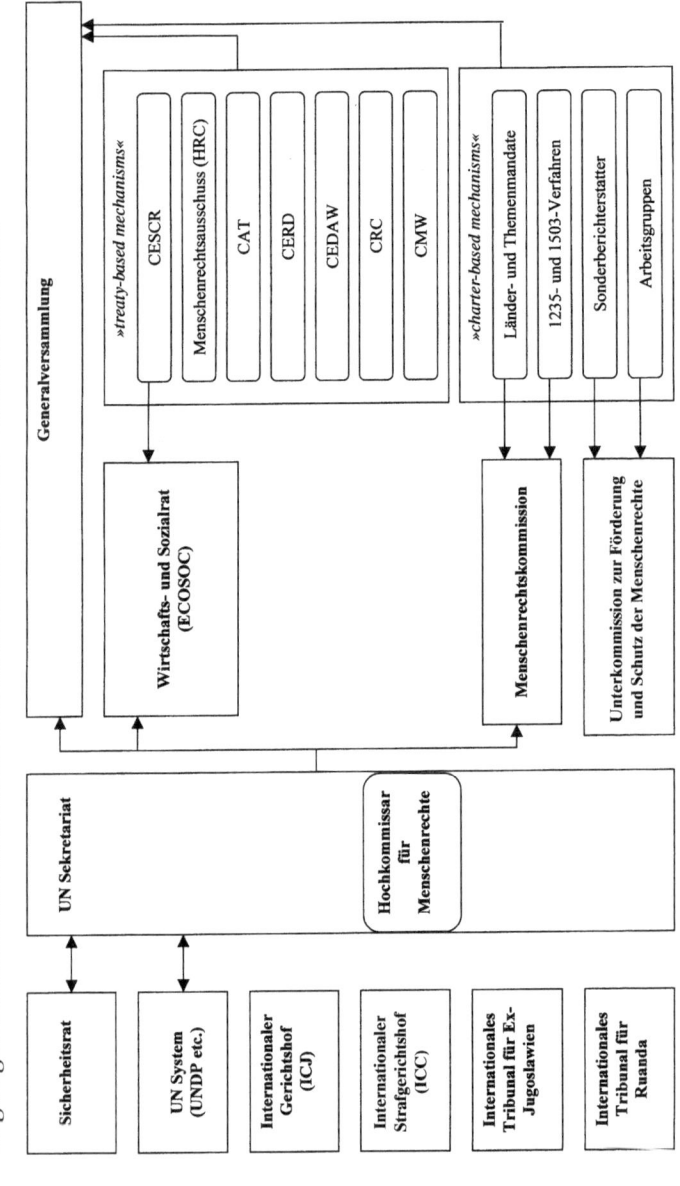

tonte, dass der Schutz der Menschenrechte Gegenstand der internationalen Staatengemeinschaft sei (Artikel 5). Eine Trennung nationalstaatlich und international garantierter Rechte sei also nicht legitim.

Auf der Wiener Konferenz deutete sich auch ein neuer Schub der Spezifikation und Diversifikation von Menschenrechtsnormen sowie der Stärkung ihrer Kontroll- und Durchsetzungsverfahren an. Im Blick auf die Normentwicklung zeigt sich dies insbesondere an der Bekräftigung eines Rechts auf Entwicklung (Artikel 10) sowie der Rechte von Frauen (Artikel 18), Minderheiten (Artikel 19), indigenen Bevölkerungen (Artikel 20) und Arbeitsmigranten (Artikel 24), für die in den neunziger Jahren jeweils eigene Deklarationen, teils auch Konventionen verabschiedet wurden, wie insbesondere die *Konvention zum Schutz von Wanderarbeitnehmern und ihren Familienangehörigen* (MWC, 1990), die, primär von den entsendenden Länder unterstützt, 2003 in Kraft trat. Auch gänzlich neue Handlungsfelder wurden Gegenstand des internationalen Menschenrechtsschutzes, insbesondere die Biotechnologie, zu deren Begrenzung die UNESCO 1997 die *Allgemeine Erklärung über das menschliche Genom und Menschenrechte* verabschiedete (vgl. Symo-

Erklärung der Weltkonferenz für Menschenrechte in Wien (1993) – Auszug

»Alle Menschenrechte sind allgemeingültig und unteilbar, bedingen einander und sind miteinander verknüpft. Die Völkergemeinschaft muss die Menschenrechte weltweit in gerechter und gleicher Weise, auf derselben Grundlage und mit demselben Nachdruck behandeln. Zwar ist die Bedeutung nationaler und regionaler Besonderheiten und unterschiedlicher historischer, kultureller und religiöser Voraussetzungen im Auge zu behalten, doch ist es die Pflicht der Staaten, ohne Rücksicht auf ihre jeweilige politische, wirtschaftliche und kulturelle Ordnung alle Menschenrechte und Grundfreiheiten zu fördern und zu schützen (Teil I, Artikel 5)«.

nides 1998, S. 18 ff.). Insgesamt sind zum gegenwärtigen Zeitpunkt, über die zentralen Übereinkommen hinaus, mehr als 50 Menschenrechtskonventionen auf globaler Ebene in Kraft.

Ebenso bemühte man sich nunmehr um eine stärkere Implementierung der Menschenrechte. Zu diesem Zweck wurde ein **Hochkommissariat für Menschenrechte** (UNHCHR) mit Sitz in Genf gegründet, das im September 1997 seine Arbeit aufnahm. Neben der Unterstützung der verschiedenen Kontroll- und Durchführungsverfahren hat dieses Organ eine Vielzahl von Aktivitäten entwickelt, angefangen von der Förderung der Menschenrechtserziehung bis hin zur Rechtsberatung einzelner Regierungen.

Ein weiterer wichtiger Schritt zur stärkeren Sanktionierung völkerrechtlicher Normen war in den neunziger Jahren die Einrichtung internationaler Strafgerichtshöfe. Den Auftakt stellten die Ad-hoc-Tribunale in Den Haag und Arusha dar, die zur Aufarbeitung der Kriegsverbrechen in Jugoslawien und des

Allgemeine Erklärung über das menschliche Genom und Menschenrechte – Auszüge (10. November 1997)

»A. Menschenwürde und menschliches Genom
Artikel 1. Das menschliche Genom liegt der grundlegenden Einheit aller Mitglieder der menschlichen Gesellschaft sowie der Anerkennung der ihnen innewohnenden Würde und Vielfalt zugrunde. In einem symbolischen Sinne ist es das Erbe der Menschheit.
Artikel 2 a) Jeder Mensch hat das Recht auf Achtung seiner Würde und Rechte, unabhängig von seinen genetischen Eigenschaften.
b) Diese Würde gebietet es, den Menschen nicht auf seine genetischen Eigenschaften zu reduzieren und seine Einzigartigkeit und Vielfalt zu achten.
Artikel 4. Das menschliche Genom in seinem natürlichen Zustand darf keinen finanziellen Gewinn eintragen.

B. Rechte der betroffenen Personen
Artikel 6. Niemand darf einer Diskriminierung aufgrund geneti-

Völkermords in Ruanda eingerichtet wurden und vor denen Einzelne, wie beispielsweise der ehemalige serbische Präsident Slobodan Milošević, für Verbrechen gegen die Menschlichkeit angeklagt werden. Noch wichtiger aber war das am 17. Juli 1998 in Rom von 120 Staaten verabschiedete Statut des **Internationalen Strafgerichtshofs** (International Criminal Court, ICC).[18] Das Statut beschreibt in Artikel 6–8 die Verbrechensstrafbestände, für die der ICC zuständig ist (Völkermord, Verbrechen gegen die Menschlichkeit und Kriegsverbrechen), bekräftigt das Prinzip individueller strafrechtlicher Verantwortlichkeit (Artikel 25) und legt die in den jeweils beteiligten Staaten zu vollstreckenden Strafen – Geldstrafen und Freiheitsentzug – fest (Artikel 77). Nachdem 60 Staaten (mittlerweile sind es 97) das Statut ratifiziert hatten und dieses am 11. April 2002 in Kraft trat, existiert in Den Haag erstmals ein internationales Gericht, das schwere Menschenrechtsverletzungen strafrechtlich zu sanktionieren beauftragt ist.

scher Eigenschaften ausgesetzt werden, die darauf abzielt, Menschenrechte, Grundfreiheiten oder die Menschenwürde zu verletzen, oder dies zur Folge hat.

C. Forschung am menschlichen Genom
Artikel 11. Praktiken, die der Menschenwürde widersprechen, wie reproduktives Klonen von Menschen, sind nicht erlaubt. Die Staaten und zuständigen internationalen Organisationen werden aufgefordert, gemeinsam daran zu arbeiten, derartige Praktiken zu benennen und auf nationaler oder internationaler Ebene die erforderlichen Maßnahmen zu ergreifen, um die Achtung der in dieser Erklärung niedergelegten Grundsätze sicherzustellen.«

---

18 Gegen das Statut stimmten die Volksrepublik China, Indien, Jemen, Israel, Katar, Libyen und die USA; 21 weitere Staaten enthielten sich der Stimme.

Vor allem aber begann der Sicherheitsrat der Vereinten Nationen nach Ende des Ost-West-Konflikts verstärkt von seiner Befugnis zur Verhängung kollektiver Sanktionsmaßnahmen im Rahmen von Kapitel VII der *UN-Charta* Gebrauch zu machen. Hatte er sich in den wenigen Fällen zuvor auf Handels- und Waffenembargos beschränkt, wie beispielsweise in Reaktion auf Rassendiskriminierung in Südrhodesien (1965) und Südafrika (1977), so zog er nun auch die Möglichkeit **kollektiver humanitärer Interventionen** in Betracht. In seiner Resolution 688 (1991) stufte er die schweren Menschenrechtsverletzungen, die Anlass für Flüchtlingsströme von Kurden und Schiiten aus dem Nordirak waren, als Bedrohung internationaler Sicherheit ein, worin Frankreich, Großbritannien und die USA eine Legitimation zur Einrichtung militärischer kontrollierter Schutzzonen im Nordirak sahen. Ähnliche Argumente wurden auch zur Rechtfertigung militärischer Interventionen in Somalia (1992), Jugoslawien (1993), Haiti (1994) und Ruanda (1994) vorgebracht. Ob humanitäre Interventionen durch diese Praxis völkergewohnheitsrechtlich als zulässig zu bewerten sind, ist indessen umstritten (vgl. etwa Kimminich/Hobe 2000, S. 272 ff., anders Shaw 2003, S. 1045 ff. und zur Diskussion auch Oeter in Brunkhorst 1998, S. 37–60).

3.1.4 Regionaler Menschenrechtsschutz

Die internationale Verrechtlichung der Menschenrechte hat sich nicht nur auf globaler Ebene, sondern auch auf regionaler Ebene vollzogen. Bereits in der ersten Hälfte des 20. Jahrhunderts finden sich regionale Ansätze des internationalen Menschenrechtsschutzes, und zwar innerhalb der Organisation Amerikanischer Staaten (OAS), in deren Rahmen 1928 und 1933 zwei Menschenrechtskonventionen über Asyl abgeschlossen wurden. Unter dem Eindruck der Rechtsentwicklung im Rahmen der Vereinten Nationen wurde später die Amerikanische Menschenrechtskonvention (1969) verabschiedet, die nach einem langwierigen Ratifikationsprozess 1978 in Kraft trat.

Sehr viel wirksamer ist allerdings die Europäische Konvention zum Schutz der Menschenrechte und Grundfreiheiten, kurz: **Europäische Menschenrechtskonvention** (EMRK), die von den Mitgliedstaaten des Europarats, darunter auch die Türkei, am 4. November 1950 verabschiedet und mittlerweile (Stand: 31.3.2005) von 45 Staaten ratifiziert wurde.[19] In beinahe allen Staaten sind die in der EMRK niedergelegten bürgerlichen und politischen Rechte in binnenstaatliches Recht inkorporiert worden und können damit auch von nationalen Gerichten angewandt werden. Im Vergleich zu ihrem amerikanischen Pendant sowie zu den Menschenrechtskonventionen der Vereinten Nationen zeichnet sich die EMRK vor allem dadurch aus, dass sich die unterzeichnenden Staaten einer unabhängigen Gerichtsbarkeit unterwerfen (Artikel 19). Seit Inkrafttreten der EMRK im Jahre 1953 können sich Bürgerinnen und Bürgern aller europäischen Staaten, die die Konvention ratifiziert haben, nach Ausschöpfen des nationalen Instanzenweges direkt an den Europäischen Gerichtshof für Menschenrechte in Straßburg wenden.[20] Hier findet, sofern die Klage für zulässig befunden wird, ein reguläres öffentliches Gerichtsverfahren statt, dessen Urteilsspruch für die Mitgliedstaaten bindend ist. Gibt der Gerichtshof einer Klage auf Verletzung von Rechten

---

19 UNTS Bd. 213, S. 221; in Kraft getreten am 3. September 1953.
20 Bis 1998 verlief der Klageweg über zwei Stufen. Zunächst wandte man sich an die Europäische Kommission für Menschenrechte, die mit dem ministeriellen Ausschuss des Europarats eine einvernehmliche Konfliktlösung zwischen dem Klageführer und dem angeklagten Staat suchte; kam diese nicht zustande, wurde der Gerichtshof aktiv. Durch Protokoll XI zur EMRK wurde die Kommission aufgelöst und dem nunmehr aufgewerteten Gerichtshof die alleinige Zuständigkeit zugewiesen.

aus der EMRK statt, müssen Staaten mit Geldstrafen rechnen und ihre Rechtsordnung in Einklang mit der EMRK bringen. Die Rechtsprechung des Straßburger Gerichtshofs (vgl. Schilling 2004) hat die Interpretation der Menschenrechte in Europa und damit auch die binnenstaatliche Rechtsentwicklung maßgeblich geprägt.

Der Menschenrechtsschutz ist auf europäischer Ebene also wesentlich effektiver als auf globaler Ebene. Dies umso mehr, als Menschenrechte allmählich in das supranationale Rechtssystem der Europäischen Union einbezogen worden sind (vgl. Alston 1999); seit den siebziger Jahren betrachtet der Gerichtshof der Europäischen Gemeinschaften in Luxemburg die Grundrechte als allgemeine Rechtsprinzipien, die auch im europäischen Gemeinschaftsrecht Anwendung finden. In einer gemeinsamen Erklärung erkannten 1977 auch das Europäische Parlament, der Europäische Rat und die Europäische Kommission die Grundrechte an,[21] in Artikel 6 des Vertrags von Maastricht (1992) wurde dies vertraglich bestätigt und in der Grundrechtscharta der Europäischen Union (2000) bekräftigt.

Was den Inhalt der Menschenrechte angeht, unterscheidet sich der europäische Menschenrechtsschutz insofern von den Entwicklungen im Rahmen der UN, als man von der Priorität bürgerlicher und politischer Rechte ausgeht. Die sozialen und ökonomischen Rechte – wie etwa die Rechte auf Arbeit, auf berufliche Ausbildung, auf soziale Sicherheit und anderes – wurden in einer separaten Konvention, der Europäischen Sozialcharta (1961)[22], verankert und bislang der Kontrolle durch den Europäischen Gerichtshof für Menschenrechte vorenthalten. Gleichwohl lassen sich auch auf europäischer Ebene weitere Schübe der Normsetzung beobachten. Der Beitritt osteuropäischer Staaten zum Europarat nach 1989 war dabei ein wich-

---

21 Vgl. Official Journal C 103, 27/04/1977, S. 1–2.
22 UNTS Bd. 529, S. 89; in Kraft getreten am 26. Februar 1965.

tiger Katalysator, weil dadurch dem Schutz nationaler Minderheiten neue Aufmerksamkeit geschenkt wurde. Davon zeugen die *Europäische Charta für regionale und Minderheitensprachen* (2. Dezember 1992) und die *Rahmenkonvention zum Schutz nationaler Minderheiten* (10. November 1994), die den Anerkennungsforderungen von Minderheiten, auch in Westeuropa, eine neue Grundlage gegeben und zum Wandel nationaler Staatsbürgerschaft beigetragen haben.

Auch in anderen Regionen ist nach 1945 ein internationaler Menschenrechtsschutz entstanden, allerdings weitaus zögerlicher als in Europa und Amerika. So haben die Mitgliedstaaten der vormaligen Organisation für Afrikanische Einheit (OAU, jetzt Afrikanische Union) 1981 die *Banjul Charta für die Menschenrechte und die Rechte der Völker* unterzeichnet (in Kraft seit 1986). Menschenrechte umfassen hier neben bürgerlichen und politischen Individualrechten auch kollektive Rechte von Völkern, insbesondere das Selbstbestimmungsrecht (Artikel 20), die Souveränität über natürliche Ressourcen (Artikel 21) und das Recht auf Entwicklung (Artikel 22), und erstmals werden rechtsverbindlich auch die Pflichten des Einzelnen gegenüber Familie, Gesellschaft, Staat und internationaler Gemeinschaft kodifiziert (Artikel 27). Überwacht wird die Charta durch eine Kommission, die eigene Untersuchungen durchführt und Staatenberichte kontrolliert (vgl. Buergenthal 1995, S. 228 f.). Durch ein Zusatzprotokoll (1998; in Kraft seit Januar 2004) wurde ein Gerichtshof für Menschen- und Völkerrechte geschaffen, der gegenwärtig im Aufbau begriffen ist. Ähnlich wurde auch von der Arabischen Liga mehrfach eine eigene Menschenrechtscharta vorgelegt, die allerdings zunächst nicht in Kraft trat (vgl. Shaw 2002, S. 365 f.).[23] Erst nach ihrer Überarbeitung auf dem Treffen der arabischen Staa-

---

23 Die 1994 verabschiedete Textfassung findet sich in deutscher Übersetzung in Simma/Fastenrath 1998, S. 533–539.

ten 2004 in Tunis ist der Ratifikationsprozess allmählich in Gang gekommen.[24]

Beide Dokumente lassen regionalspezifische Akzentuierungen des globalen Menschenrechtsdiskurses erkennen, in denen das Verhältnis zwischen einzelnen Rechten unterschiedlich bestimmt, um Pflichten ergänzt und in eigene kulturelle Begründungszusammenhänge eingebettet wird. Hier deutet sich bereits an, dass die internationale Verrechtlichung der Menschenrechte nicht notwendigerweise mit einer Standardisierung allgemeiner Rechtsprinzipien einhergeht, sondern durchaus in verschiedene gesellschaftliche und kulturelle Zusammenhänge eingebunden bleibt (vgl. 4.3.).

3.2 Menschenrechte in der internationalen Politik

Die Völkerrechtsentwicklung zeigt, dass die Einschränkungen, welche die Menschenrechte in der Phase ihrer Institutionalisierung als Bürgerrechte in europäischen Nationalstaaten erfahren hatten, im 20. Jahrhundert ansatzweise überwunden wurden. Die Ideen der Menschenwürde und der Menschenrechte sind auch jenseits des Nationalstaats rechtsförmig institutionalisiert worden und haben damit einen neuen »standard of civilization« im internationalen Staatensystem etabliert (vgl. Donnelly 1998, S. 20). Mit der internationalen Verrechtlichung der Menschenrechte ändert sich aber auch die *Form* legaler Rechte. Legt man etwa Max Webers Rechts- und Herrschaftssoziologie (Weber 1980, S. 17f., 821f.) zugrunde, erkennt man, dass die Völkerrechtsordnung – anders als die staatliche Rechtsordnung – nicht an einen politischen Herrschaftsverband gebunden ist, der über

---

24 Unterzeichnet haben bislang: Ägypten, Jordanien, Marokko, Saudi-Arabien und Tunesien (Stand: 31.3.2005).

die Mittel, geschweige denn das Monopol legitimer Gewaltanwendung verfügte. Zwar besitzen der UN-Sicherheitsrat, die UN-Generalversammlung und die internationalen Gerichtshöfe exekutive, legislative und judikative Funktionen, die Ausübung legitimer Herrschaftsgewalt liegt aber nicht bei einem Weltstaat, sondern weiterhin bei den souveränen Territorialstaaten. Sie sind es, die über volle Völkerrechtssubjektivität verfügen und damit völkerrechtlich bindende Menschenrechtskonventionen abschließen können. Sie sind es auch, die alleine die Einhaltung völkerrechtlicher Menschenrechtsnormen durch Androhung von Sanktionen durchsetzen können. Weder die völkerrechtliche Norm*setzung* noch die Norm*durch*setzung wären daher ohne zwischenstaatliche Kooperation möglich.

Damit aber sind sowohl die Kodifikation als auch die Implementierung der Menschenrechte von Machtkonstellationen im internationalen Staatensystem und den Machtinteressen einzelner Staaten bestimmt. Die Institutionalisierung der Menschenrechte erfolgt nicht allein im Medium des Rechts, sondern auch in dem der Macht.

3.2.1 Internationale Menschenrechtsregime

Die Verfahren, Regeln und Normen, welche die internationale Kooperation in einem bestimmten Politikfeld festlegen, nennt man in der politikwissenschaftlichen Forschung über internationale Beziehungen »Regime«. Je nachdem, wie stark Normverletzungen sanktioniert werden können, lassen sich dabei Förderungs- (»promotional«), Umsetzungs- (»implementational«) und Durchsetzungsregime (»enforcement regimes«) unterscheiden. Die oben nachgezeichnete internationale Verrechtlichung der Menschenrechte kann aus dieser Sicht als Entstehung allgemeiner und spezieller **Menschenrechtsregime** gedeutet werden (vgl. Donnelly 1989, S. 205–229 und skeptisch Krasner 1999, S. 105–127).

Mit dem Begriff internationaler Regime lassen sich die Machtkonstellationen im internationalen Staatensystem hervorheben, die sowohl die Normsetzung als auch die Normdurchsetzung beeinflusst haben. Dass die Normsetzung in ihren unterschiedlichen Phasen durch den Kalten Krieg geprägt wurde, klang bereits an. Nach Verabschiedung der *Allgemeinen Erklärung der Menschenrechte* war die Blockkonfrontation das wesentliche Hemmnis für eine zügige rechtsverbindliche Kodifizierung der Menschenrechte. Die westlichen Staaten konzentrierten sich in den Diskussionen in der Generalversammlung, im Wirtschafts- und Sozialrat und in der Menschenrechtskommission vorrangig auf bürgerliche und politische Rechte, während der kommunistische Block unter Führung der Sowjetunion soziale, ökonomische und kulturelle Rechte in den Mittelpunkt stellte (vgl. Falk 1981, S. 125–152). Aufgrund dieser Meinungsunterschiede scheiterte das ursprüngliche Vorhaben, eine allgemeine Menschenrechtskonvention zu formulieren, die der Unteilbarkeit und Interdependenz der unterschiedlichen Rechte Rechnung getragen hätte. Es war ein Kompromiss zwischen den Interessen der beiden Gruppen, dass mit dem Zivil- und dem Sozialpakt zwei separate Konventionen verabschiedet wurden. Die politische Lage änderte sich in den siebziger Jahren, als auf Initiative der Sowjetunion die Konferenz für Sicherheit und Zusammenarbeit in Europa (KSZE) einberufen wurde. In die Verhandlungen über multilaterale Zusammenarbeit in der Sicherheitspolitik, in den Bereichen Wirtschaft, Wissenschaft und Technik und in humanitären Angelegenheiten brachte die westliche Seite die Achtung der Menschenrechte ein, die in der am 1. August 1975 von 33 Staaten in Helsinki unterzeichneten Schlussakte Bestandteil des Prinzipienkatalogs für gemeinsame Kooperation wurde.[25] Durch das

---

25 Die für Menschenrechte relevanten Auszüge aus der Schlussakte von Helsinki finden sich in Simma/Fastenrath 1998, S. 381–406.

Prinzip VII des ersten »Korbes« (Sicherheit) verpflichtete sich nun auch die Sowjetunion auf die *Allgemeine Erklärung der Menschenrechte* und erkannte damit universelle Prinzipien an, auf die sich später die osteuropäischen Dissidenten- und Bürgerrechtsbewegungen in ihren Freiheitsforderungen berufen konnten. Das Ende des Kalten Krieges schließlich stellte den Auftakt zu einer neuen Phase der Normsetzung dar. Sowohl im Rahmen der UNO als auch in der OSZE konnten nunmehr weitere Menschenrechtsnormen, insbesondere im Bereich des Minderheitenschutzes, kodifiziert und neue Verfahren zu ihrer Kontrolle, Umsetzung und Durchsetzung eingerichtet werden.

Von großer Bedeutung für die Normsetzung im Bereich der Menschenrechte war neben der Blockkonfrontation der Prozess der Entkolonialisierung (vgl. Cassese 1986, S. 68–73). Es war vor allem das Anliegen der neuen, postkolonialen Staaten Afrikas und Asiens, das Gleichheitsprinzip, das Verbot der Rassendiskriminierung und das Recht auf Selbstbestimmung an prominenter Stelle in den beiden Menschenrechtspakten zu verankern. Angesichts fortbestehender ökonomischer Abhängigkeiten forderten sie ferner gemeinsam mit den lateinamerikanischen Staaten eine neue internationale Wirtschaftsordnung und drängten seit den siebziger Jahren auf die Anerkennung eines »Rechts auf Entwicklung«, das sachlich an das

Erklärung zum Recht auf Entwicklung (4. Dezember 1986) – Auszug

»Artikel 1. Das Recht auf Entwicklung ist ein unveräußerliches Menschenrecht, kraft dessen alle Menschen und Völker Anspruch darauf haben, an einer wirtschaftlichen, sozialen, kulturellen und politischen Entwicklung, in der alle Menschenrechte und Grundfreiheiten voll verwirklicht werden können, teilzuhaben und dazu beizutragen und daraus Nutzen zu ziehen.« (GA Resolution 41/128, zitiert nach Opitz 2002, S. 134).

Recht auf soziale Sicherheit (Artikel 22 UDHR) anknüpfte, dieses aber durch Auflistung konkreter Pflichten der Staaten spezifizierte (vgl. Opitz 2002, S. 124–140; von Boven in Forsythe 1989, S. 121–135). Mit ihrer Stimmenmehrheit in der UN-Generalversammlung konnten die Staaten des Südens 1986 gegen die USA und bei Enthaltung etlicher westlicher Industriestaaten eine *Erklärung zum Recht auf Entwicklung* durchsetzen.

Dass in der Abschlusserklärung der Wiener Menschenrechtskonferenz von 1993 nach langem Zögern auch die westlichen Staaten diesem Recht auf Entwicklung zustimmten, hängt nicht zuletzt damit zusammen, dass die Staaten des Südens im Gegenzug die lange abgelehnte Universalität der Menschenrechte anerkannten. Die sich hier bereits abzeichnenden Interessenkonflikte zwischen Norden und Süden und die damit verbundenen Deutungskonflikte um die Menschenrechte prägen seit Ende des Kalten Krieges die Auseinandersetzungen innerhalb der Vereinten Nationen, insbesondere in der Menschenrechtskommission. Dies umso mehr, als Menschenrechte, motiviert durch das Aktionsprogramm der Wiener Erklärung, zu einem zentralen Querschnittsthema der Vereinten Nationen geworden sind, das in der Flüchtlingshilfe (UNHCR), in der Entwicklungspolitik (UNDP) sowie im Rahmen von Weltbank und Internationalem Währungsfonds Berücksichtigung findet.

Vergleicht man die globalen Menschenrechtsregime mit anderen internationalen Regimen, etwa mit der Welthandelsordnung oder der internationalen Sicherheitsordnung, muss man ihnen insgesamt eine relativ begrenzte Effektivität bescheinigen. Zwar hat sich eine allmähliche Entwicklung von bloßen Förderungs- zu Umsetzungsregimen vollzogen, in denen die Kontroll- und Durchführungsorgane der UN, insbesondere die Menschenrechtskommission und der Menschenrechtsausschuss, die Implementierung der kooperativ festgelegten Normen durch die Mitgliedstaaten überwachen. Dennoch bleibt die Durchsetzbarkeit von Menschenrechten bis heute begrenzt.[26] Gerade Versuche, die Einhaltung von Menschenrechten mit militärischer Gewalt zu erzwingen, bleiben, wie das Beispiel des ohne UN-Mandat eröffneten Kriegs der NATO gegen Serbien zugunsten der Kosovo-Albaner (1999) zeigt, politisch höchst umstritten (vgl. Haspel 2002, v.a. 148 ff., sowie die Beiträge in Merkel 2000).

3.2.2 Multilaterale und bilaterale Menschenrechtspolitik

Angesichts der Bedeutung von Machtkonstellationen für die internationale Setzung und Durchsetzung von Menschenrechtsnormen stellt sich die Frage, welche Menschenrechtspolitik einzelne, vor allem einflussreiche Staaten verfolgen, und warum. Man unterscheidet dabei zwischen multilateraler und bilateraler Menschenrechtspolitik (vgl. etwa Sikkink 2004, S. 10–12).

Multilaterale Menschenrechtspolitik bezeichnet die Beteiligung eines Staates an internationaler Kooperation im Bereich der Menschenrechte. Sie manifestiert sich insbesondere in der Anerkennung der Kompetenz inter- und supranationaler Organe, die Einhaltung der Menschenrechte auf dem eigenen Hoheitsgebiet zu überwachen. Ein wichtiger Indikator multilateraler Menschenrechtspolitik ist daher die Bereitschaft, völkerrechtlich verbindliche Menschenrechtskonventionen, insbesondere den Zivilpakt mit seinem ersten Fakultativprotokoll, zu ratifizieren und damit das Verhalten gegenüber den eigenen Staatsangehörigen internationaler Kontrolle zu unterwerfen. Die hohe Ratifikationsrate der sieben wichtigsten Konventionen (vgl. Schaubild 1, S. 72–73) scheint insofern darauf hinzu-

---

26 Lediglich dem europäischen Menschenrechtsregime wird man den Charakter eines Durchsetzungsregimes attestieren können; vgl. bereits Donnelly 1989, S. 213–215.

weisen, dass die meisten der 191 Mitgliedstaaten der UN über eine multilaterale Menschenrechtspolitik verfügen. Bei genauerem Hinsehen wird man jedoch vorsichtiger urteilen; etliche Staaten versuchen durch die Nichtanerkennung der optionalen Individualbeschwerdeverfahren ihre völkerrechtlichen Verpflichtungen zu minimieren, und von einem aktiven Engagement für die internationale Verrechtlichung der Menschenrechte kann oft nicht die Rede sein.

Ein besonders prominentes Beispiel für Zurückhaltung in multilateraler Menschenrechtspolitik sind die USA. Obwohl die amerikanische Regierung sich in den vierziger Jahren zunächst für die Internationalisierung der Menschenrechte einsetzte, verweigerte sie für Jahrzehnte die Ratifikation der wichtigsten Menschenrechtskonventionen. Dies hing unter anderem mit der antikommunistischen Wende der amerikanischen Außenpolitik Anfang der fünfziger Jahre zusammen, in deren Folge nationale Sicherheit und die Eindämmung (»containment«) des Kommunismus zu leitenden staatlichen Interessen wurden.

Ausschlaggebend für die Nichtbeteiligung an internationaler Kooperation im Bereich der Menschenrechte waren aber auch innen- und rechtspolitische Gründe. Nach Artikel 6 der amerikanischen Verfassung haben völkerrechtliche Verträge in den USA denselben Rang wie Bundesrecht und können dieses, wenn sie jüngeren Datums sind, in Zweifelsfällen sogar außer Kraft setzen. In den fünfziger Jahren zeichnete sich vor diesem Hintergrund die Möglichkeit ab, dass die faktische und rechtliche Diskriminierung der schwarzen Bevölkerung in den Südstaaten durch die Ratifikation einschlägiger Menschenrechtskonventionen hätte rechtsungültig werden können. Um dies zu verhindern und um generell auszuschließen, dass die Rechtslage in einzelnen Bundesstaaten durch völkerrechtliche Bestimmungen verändert werden könnte, initiierte Senator John W. Bricker Anfang der fünfziger Jahre einen Verfassungszusatz, der auf die systematische Einschränkung der rechtlichen Wirk-

samkeit internationaler Verträge abzielte. Das so genannte
»Bricker-Amendment« konnte im Senat zwar abgewehrt werden, allerdings nur um den Preis einer formellen Erklärung von
Präsident Eisenhower, die amerikanische Regierung würde
dem Senat keine Menschenrechtskonventionen zur Ratifikation vorlegen (vgl. Buergenthal 1995, S. 276–298).

Diese politische Weichenstellung hatte zur Folge, dass der
Zivilpakt erst 1992, die Anti-Rassismus-Konvention noch später und etliche andere wichtige Instrumente – das Fakultativprotokoll zum Zivilpakt, der Sozialpakt (ICESCR) und die Konventionen gegen die Diskriminierung von Frauen (CEDAW), für
die Rechte des Kindes (CRC) und für die Rechte von Wanderarbeitern und ihren Familien (ICRMW) sowie die Amerikanische
Menschenrechtskonvention – bis heute gar nicht ratifiziert wurden. Sie führte auch dazu, dass die USA, sofern sie überhaupt
einem internationalen Menschenrechtsabkommen beitreten, die
Ratifikationsurkunde um Vorbehalte und Erklärungen ergänzen, die im Ergebnis sicherstellen, dass keinerlei rechtliche Verpflichtungen entstehen, die über bereits geltendes amerikanisches Recht hinausgehen, dass Menschenrechte also eine innerstaatliche Angelegenheit bleiben.[27] Hierin, wie auch in ihrer
ablehnenden Haltung gegenüber der Einrichtung des Internationalen Strafgerichtshofs kommt der Unilateralismus der USA
im Umgang mit dem modernen Völkerrecht zum Ausdruck.

---

27 Mit den so genannten »RUDs« (»reservations, understandings, declarations«) wird intendiert, dass (a) in Zweifelsfällen die amerikanische Verfassung Vorrang vor internationalen Menschenrechtskonventionen hat; (b) amerikanisches Recht in Folge einer Konvention nicht geändert werden muss; (c) ein eigentlich in der Kompetenz einzelner Bundesstaaten liegendes Rechtsgebiet durch Menschenrechtskonventionen nicht zentralisiert wird; und dass (d) sämtliche Bestimmungen einer Konvention als »non-self-executing«, das heißt als nicht unmittelbar justiziabel, betrachtet werden; vgl. Buergenthal 1995, S. 290–298.

Diese Zurückhaltung in der multilateralen Menschenrechtspolitik ist umso bemerkenswerter, weil die USA als erster Staat eine aktive bilaterale Menschenrechtspolitik formulierten. Mit **bilateraler Menschenrechtspolitik** ist gemeint, dass ein Staat seine außenpolitischen Beziehungen zu anderen Ländern nicht nur nach geostrategischen oder ökonomischen Interessen, sondern auch unter dem Gesichtspunkt des dortigen Umgangs mit Menschenrechten gestaltet. Die Instrumente bilateraler Menschenrechtspolitik reichen dabei von stiller Diplomatie über öffentliche Kritik an der Menschenrechtspraxis eines anderen Landes, Ausbildungsprogramme für Polizei und Militär, die Kürzung von Entwicklungshilfe oder die Einführung eines Handels- oder Waffenembargos bis hin zur militärischen Intervention. Die USA setzten solche Instrumente in ihrer Außenpolitik erstmals in den siebziger Jahren ein. Anlässlich von Medienberichten über die durch die Doktrin der nationalen Sicherheit und des »containment« legitimierte amerikanische Unterstützung oder, wie im Fall Chile, Installierung von Militärdiktaturen in Lateinamerika, beschloss der Kongress 1974 ein Gesetz zur stärkeren Berücksichtigung von Menschenrechten in der US-Außenpolitik. Es umfasste die Schaffung eines Büros für Menschenrechte im State Department, die Verpflichtung des State Department zur jährlichen Veröffentlichung eines Menschenrechtsberichts und das Prinzip, dass Staaten, in denen »a consistent pattern of gross violations of internationally recognized human rights« erkennbar sei (zitiert nach Sikkink 2004, S. 69), keine Militärhilfe gegeben werden dürfe.

Unter Präsident Carter (1976–1980) gewannen die Menschenrechte außenpolitisch an Prominenz, indem auch die wirtschaftliche und finanzielle Unterstützung von Entwicklungsländern, insbesondere in Mittel- und Lateinamerika, an die Einhaltung grundlegender bürgerlicher und politischer Rechte gebunden wurde. Nach einer anfänglichen Rückkehr zur Doktrin des Anti-Kommunismus setzte Reagan diese Politik, ergänzt um Maßnahmen der Demokratieförderung, in seiner zweiten Amtszeit fort; unter Bush Senior und Clinton wurde sie schließlich auch um Elemente multilateraler Menschenrechtspolitik erweitert. Dass gerade mächtige Staaten wie die USA durch Sanktionsandrohungen die Menschenrechtssituation in anderen Ländern gelegentlich verbessern können, zeigen beispielsweise die Umstände der Demokratisierungsprozesse in Haiti, El Salvador und Guatemala (Hartmann 2004; Sikkink 2004, S. 211).

Ob Staaten eine solche bilaterale Menschenrechtspolitik verfolgen oder durch ambivalente diplomatische Signale umgekehrt zu Menschenrechtsverletzungen in anderen Ländern beitragen, hängt nicht zuletzt von ihren jeweiligen außenpolitischen Interessen ab. Wie der Kurswechsel der USA in den siebziger Jahren zeigt, sind für die Ausgestaltung bilateraler Menschenrechtspolitik aber auch innenpolitische Konstellationen von Bedeutung. Gerade in parlamentarischen und außerparlamentarischen öffentlichen Debatten können Menschenrechtsfragen offener angesprochen werden als dies der politischen Exekutive möglich ist, die oft diplomatische Rücksichten auf die Interessen anderer Regierungen nehmen muss.

So war es auch in der Bundesrepublik Deutschland das Parlament, das Menschenrechte auf die außenpolitische Agenda setzte (vgl. Voß 2000). Zwar gehörte in Entsprechung zu Artikel 1(2) des Grundgesetzes gerade die Selbstbindung an multilaterale Menschenrechtsverträge seit 1949 zu den Konstanten deutscher Außenpolitik.[28] Doch nicht zuletzt aufgrund der

---

28 Zu diesen Konstanten gehörte auch der Einsatz für die Menschenrechte von Deutschen in den kommunistischen Staaten Osteuropas; insbesondere die CDU/CSU vertrat bis in die achtziger Jahre die Position, Menschenrechte müssten an erster Stelle bezogen auf die »Millionen deutscher Staatsbürger und Menschen deutscher Volkszugehörigkeit (...), die nicht unter dem Schutz des Grundgesetzes leben« sichergestellt werden; zitiert nach Voß 2002, S. 205.

ideologischen Konflikte um die Ostpolitik bildete die BRD eine bilaterale Menschenrechtspolitik erst relativ spät aus. Der Anstoß dazu erfolgte 1985 durch eine Große Parlamentarische Anfrage der SPD an die damalige christlich-liberale Regierungskoalition. In ihrer Folge gab der Deutsche Bundestag dem Thema des internationalen Menschenrechtsschutzes ein stärkeres Profil; 1987 erweiterte er das Aufgabenfeld des dem Auswärtigen Ausschuss zugeordneten Unterausschusses für humanitäre Hilfe um das Thema der Menschenrechte und schuf sich ein eigenes Kontrollinstrument gegenüber der Regierung, indem er diese zu regelmäßigen Berichten über die Berücksichtigung von Menschenrechten in den auswärtigen Beziehungen aufforderte. Es ist einer parlamentarischen Gesetzesinitiative zu verdanken, dass die Bundesrepublik 1993 das erste Fakultativprotokoll zum Zivilpakt ratifizierte, und auch das stärkere Engagement des Auswärtigen Amtes im präventiven Menschenrechtsschutz geht maßgeblich auf den Einfluss des Parlaments zurück. 1998 wurde der Unterausschuss zu einem eigenständigen parlamentarischen Ausschuss für Menschenrechte und humanitäre Hilfe aufgewertet, und im selben Jahr schuf die neue Regierungskoalition von SPD und Bündnis 90/Die Grünen zur Profilierung der Menschenrechtspolitik das Amt des Menschenrechtsbeauftragten.

Bilaterale Menschenrechtspolitik verfügt zwar über durchsetzungsfähige Instrumente, hat aber, wie das Beispiel des Umgangs westlicher Staaten mit der Volksrepublik China zeigt (vgl. das Beispiel Chinas, S. 96/97), ihre eigenen Grenzen. Oft steht sie in Konflikt mit anderen außen- und wirtschaftspolitischen Interessen. Vor allem setzt sie die völkerrechtlich kodifizierten Menschenrechte höchst selektiv um. So liest es sich wie eine nachträgliche Bestätigung von Jellineks These zur Entstehung der Menschenrechte (vgl. 2.2. (a)), dass der amerikanische Kongress in seinem *International Religious Freedom Act* (1998) dem Recht auf Religionsfreiheit besondere Priorität für die Menschenrechtspolitik zugemessen hat.[29] Allgemein konzentrieren sich die westlichen Staaten, die aufgrund ihrer politischen und wirtschaftlichen Macht am ehesten über Instrumente bilateraler Menschenrechtspolitik verfügen, auf die bürgerlichen und politischen Rechte. Und sofern sie andernorts soziale und ökonomische Rechte einfordern, ist dies, wie die Debatte von Seattle (1999) um die Festlegung von Sozialstandards im Rahmen der Welthandelsorganisation (WTO) zeigt, aus der Sicht der betroffenen Entwicklungsländer oftmals eher protektionistischen Wirtschaftsinteressen geschuldet.

Probleme multilateraler und bilateraler Menschenrechtspolitik – das Beispiel China

Die Volksrepublik China ist bis heute der Staat mit der höchsten Zahl vollstreckter Todesstrafen. Nichtregierungsorganisationen berichten regelmäßig über Folter, die Einschränkung der Meinungs- und Pressefreiheit und die Verletzung anderer Menschenrechte (vgl. Amnesty International 2004, S. 321–330; Human Rights Watch 2005, S. 263–274). Auch die Beschneidung der

---

29 Das Gesetz, das das State Department zu regelmäßigen Berichten über die Situation der Religionsfreiheit in allen Ländern der Welt (außer den USA) verpflichtet und den Präsidenten dazu ermächtigt, ökonomische Sanktionen zu ihrer Durchsetzung zu verhängen, bringt den Konnex zwischen Religionsfreiheit, nationaler Identität und amerikanischem Menschenrechtsverständnis prägnant zum Ausdruck: »The right to freedom of religion undergirds the very origin and essence of the United States. Many of our Nation's founders fled religious persecution abroad, cherishing in their hearts and minds the ideal of religious freedom. They established in law, as a fundamental right and as a pillar of the Nation, the right to freedom of religion. From its birth to this day, the United States has prized this legacy of religious freedom and honored this heritage by standing for religious freedom and offering refuge to those suffering religious persecution«, *International Religious Freedom Act*, s 2(1), zitiert nach Asad 2003, S. 146 f.

Autonomie Tibets wird international als Problem wahrgenommen. Spätestens seit der gewaltsamen Niederschlagung der studentischen Demokratiebewegung auf dem Platz des Himmlischen Friedens in Peking im Juni 1989 ist die Menschenrechtslage in China auf die außenpolitische Agenda westlicher Staaten gerückt (vgl. Foot 2000, S. 113 ff.).

Im Rahmen multilateraler Menschenrechtspolitik ließ sich eine Verurteilung der VR China aufgrund von deren politischem Einfluss nicht durchsetzen. Zwar hat sich die VR China seit dem Tod Maos und dem Beginn der Öffnungspolitik unter Deng Xiaoping an internationaler Kooperation im Bereich der Menschenrechte beteiligt und bis auf den Zivilpakt fast alle zentralen Menschenrechtskonventionen ratifiziert. In der UN-Menschenrechtskommission ist es ihr aber wiederholt gelungen, die Verabschiedung einer Länder-Resolution zu verhindern, die von den USA und den Staaten der EU seit 1990 eingebracht und in denen Menschenrechtsverletzungen in China benannt und kritisiert wurden (vgl. Foot 2000, S. 121). Seit 1997 gingen einige europäische Staaten, vor allem Deutschland und Frankreich, von sich aus dazu über, in diesem Gremium auf Kritik an Menschenrechtsverletzungen in China zu verzichten. Argumentiert wurde dabei oft, die seit Einführung der »sozialistischen Marktwirtschaft« einsetzenden wirtschaftlichen Liberalisierung würde aus sich heraus zu mehr Demokratie und Menschenrechten führen und dürfe daher nicht gefährdet werden. Das eigentliche Motiv dürfte aber eher das Interesse am Ausbau der Wirtschaftsbeziehungen mit dem zunehmend wichtigeren Handelspartner China sein.

Dieser Konflikt zwischen Menschenrechtspolitik und ökonomischen Interessen spiegelt sich auch in der bilateralen Außenpolitik westlicher Staaten wider. So forderten die Fraktionen des Deutschen Bundestags unmittelbar nach den Ereignissen vom Juni 1989 diplomatische Sanktionen sowie die Aussetzung von Kapitalhilfen und Hermes-Bürgschaften; mit den Stimmen der damaligen Regierungskoalition wurden sie aber bereits 1990 wieder freigegeben (vgl. Voß 2002, S. 172–175). Auch die Tibet-Resolution von 1996, in der der Bundestag ein Ende der Repressionspolitik in Tibet forderte, änderte nicht die Politik der Bundesregierung, die auf die territoriale Integrität Chinas abstellte (ebd., S. 179–190). Derselbe

Interessengegensatz findet sich auch in der gemeinsamen Außen- und Sicherheitspolitik der EU; einerseits setzt sich die EU mit Nachdruck für die weltweite Abschaffung der Todesstrafe ein, andererseits hat sie aber die Entscheidung über die Aufnahme der VR China in die WTO nicht an Kriterien der Menschenrechte gebunden (vgl. Lerch 2004, S. 182–186). Gegenwärtig setzen sowohl die EU als auch einzelne westliche Staaten wie die Bundesrepublik Deutschland auf einen Rechtsdialog mit China, von dem man sich allmähliche Fortschritte in der Verankerung der Menschenrechte bei gleichzeitiger Intensivierung der wirtschaftlichen Kontakte erhofft.

Eigentlich bemerkenswert an multilateraler und bilateraler Menschenrechtspolitik sind allerdings nicht deren Probleme, Widersprüche und Inkonsistenzen, sondern ist ihre bloße Existenz. Weder für zwischenstaatliche Kooperation im Politikfeld der Menschenrechte noch für die Ausrichtung der Außenpolitik an Prinzipien der Menschenrechte scheint es ja unmittelbare ökonomische oder politische Anreize zu geben. Theorien Internationaler Beziehungen, die Machtinteressen der Staaten als alleinigen Erklärungsfaktor für die Struktur des Staatensystems sehen, stoßen hier an ihre Grenzen. Dies gilt vor allem für den so genannten »Realismus«, der die Staatenwelt gleichsam als Hobbesschen Naturzustand porträtiert und Machterhalt als Motiv für staatliches Handeln privilegiert (vgl. Krasner 1993), teilweise aber auch für den »liberalen Institutionalismus« oder die »English School«, in der Regeln, Normen und Verfahren zumindest eine handlungskoordinierende Funktion im zwischenstaatlichen Verkehr zugebilligt wird (vgl. Vincent 1986).

Diese Theorien vermögen keine hinreichenden Erklärungen anzubieten, warum gerade die schwachen Staaten Lateinamerikas und die postkolonialen Staaten eine so eminente Bedeutung für die Normsetzung im Bereich der Menschenrechte hatten, noch machen sie außenpolitische Kurswechsel wie den der USA unter Carter verständlich. Erst wenn sich die Legitimationsgrundlagen politischer Herrschaft bereits entsprechend geändert haben, werden Staaten ein Eigeninteresse zur Selbstbindung an Menschenrechte entwickeln. Zur Erklärung multilateraler und bilateraler Menschenrechtspolitik haben sich in der Theorie Internationaler Beziehungen daher »konstruktivistische« Ansätze durchgesetzt, in denen kulturellen Identitäten, Ideen und Werten eine sehr viel höhere Bedeutung zugemessen wird (vgl. Lerch 2004, S. 21–25; Risse/Ropp/Sikkink 1999, S. 4 und 270 f.; Schaber 1998; Sikkink 2004, S. 13–18). Die Interessen von Staaten sind demnach abhängig von ihrem eigenen Selbstverständnis sowie von den normativen Erwartungen anderer. Fragt man nun nach den sozialen Trägern der Ideen und Werten, an denen Staaten ihre Politik ausrichten, stößt man im 20. Jahrhundert auf neue Formen transnationaler Solidarität, die im Zusammenspiel mit Völkerrecht und internationaler Menschenrechtspolitik zur Institutionalisierung der Menschenrechte beigetragen haben.

3.3 Menschenrechte in der transnationalen Zivilgesellschaft

Zu den nichtstaatlichen Trägern der Institutionalisierung von Menschenrechten gehört eine Vielzahl von Akteuren: Kirchen, Gewerkschaften, parteipolitische Stiftungen und Wissenschaftsverbände, die unter dem Begriff der Nichtregierungsorganisationen (NGOs) subsumiert werden. Bei NGOs handelt es sich nach gängigem Verständnis um freiwillige Vereinigungen, die weder wirtschaftliche noch parteipolitische Zwecke verfolgen und deren Mitgliedschaft prinzipiell allen offen steht.

Bereits 1839 wurde in Großbritannien mit der Anti-Slavery

International for the Protection of Human Rights eine erste, auf den Schutz von Menschenrechten spezialisierte NGO gegründet, die maßgeblich zur Verankerung des Sklavereiverbots im Völkergewohnheitsrecht des späten 19. Jahrhunderts beitrug (vgl. Korey 1998, S. 118).[30] Ähnlich engagierte sich das Comité International du Croix Rouge (Genf, 1863) für die Einbeziehung humanitärer Gesichtspunkte in das Kriegsrecht; von ihm stammte sogar der Vertragsentwurf für die erste Genfer Konvention (1864), mit der sich die Staaten auf die Behandlung von Verwundeten verpflichteten und dem medizinischen Hilfspersonal in Kriegshandlungen Neutralitätsstatus zubilligten. Auch die ebenfalls im späten 19. Jahrhundert beginnende weltweite Verbreitung von Frauenrechten geht nicht zuletzt auf die Aktivitäten des International Council of Women (Washington D.C., 1888) zurück (vgl. Berkovitch 1999, S. 18–57).

In größerer Zahl sind nichtstaatliche Organisationen zum Schutz allgemeiner Menschenrechte Anfang des 20. Jahrhunderts gegründet worden. Zu ihnen gehörten politisch-juristische Vereinigungen, wie etwa die Ligue Internationale des Droits de l'Homme (1922), oder auch religiöse Organisationen wie die Anti-Defamation League of B'nai B'rith (1913), der World Jewish Congress (1936) und das von den Quäkern gegründete Friends World Committee for Consultation (1936). Seit der zweiten Hälfte des 20. Jahrhunderts verzeichnen Nichtregierungsorganisationen im Bereich der Menschenrechte ein exponentielles Wachstum, das von einer stärkeren Professionalisierung, der Spezialisierung auf bestimmte Gruppen, Themen oder Regionen und der wechselseitigen Vernetzung begleitet ist. Am NGO-Forum, das die Wiener Menschenrechtskonfe-

---

30 Der Besitz von und Handel mit Sklaven widersprach bereits dem »standard of civilization« (vgl. Donnelly 1998, S. 5), bevor er im *Internationalen Abkommen betreffend die Sklaverei* von 1926 völkervertragsrechtlich verboten wurde.

renz von 1993 begleitete, nahmen beispielsweise 1529 Nichtregierungsorganisationen teil. Allein diese quantitative Zunahme von Menschenrechtsorganisationen rechtfertigt es, für das 20. Jahrhundert von einer transnationalen Menschenrechtsbewegung zu sprechen, die mittlerweile über beträchtliche intellektuelle, soziale und ökonomische Ressourcen verfügt (vgl. Herzka 1995, S. 87). Dass sie ein wichtiger Träger der Institutionalisierung von Menschenrechten jenseits des Nationalstaats gewesen ist, zeigen sowohl ihr Einfluss auf die Normsetzung als auch ihre Rolle in der Normdurchsetzung von Menschenrechten.

3.3.1 NGOs und die Entwicklung des Völkerrechts

Von Nichtregierungsorganisationen gingen wesentliche Impulse zur Normsetzung im Bereich der Menschenrechte aus. Gerade in ihrer Frühphase ist die Entwicklung des völkerrechtlichen Menschenrechtsschutzes maßgeblich von ihnen geprägt gewesen. Während der Verhandlungen zur *UN-Charta* und zur *Allgemeinen Erklärung der Menschenrechte* waren sie es, die durch ihr Lobbying den Positionswechsel von Großbritannien, der Sowjetunion und den USA, die der völkerrechtlichen Kodifizierung von Menschenrechten zunächst skeptisch gegenüberstanden, herbeiführten und wichtige Impulse für die Formulierung einzelner Rechte gaben (vgl. Korey 1998, S. 29–50). Es überrascht daher nicht, dass den NGOs von Anfang an auch formelle Möglichkeiten der Einflussnahme im Rahmen der Vereinten Nationen eingeräumt wurden. In Fortschreibung der Praxis aus der Zeit des Völkerbundes wurde auf der Grundlage von Artikel 71 der *UN-Charta* ein Konsultativstatus für NGOs eingerichtet, der 1968 durch die ECOSOC-Resolution 1296 (XLIV) noch gestärkt wurde (vgl. Buergenthal 1995, S. 318–329). An den Sitzungen der Menschenrechtskommission sowie den Durchführungsverfahren einzelner Menschenrechtskonventionen nehmen daher heute etliche NGOs teil und prägen durch ihren Argumentationsstil und ihre Themensetzung die dortigen Verhandlungen.[31] Ähnliche formelle und informelle Mitwirkungsmöglichkeiten haben NGOs auch im Europarat und in der OSZE.

Ein prägnantes Beispiel für den Einfluss von Nichtregierungsorganisationen auf die Normsetzung im Bereich der Menschenrechte ist die von 1972 bis 1984 durchgeführte Anti-Folter-Kampagne von Amnesty International (Korey 1998, S. 171), einer 1961 gegründeten und (zunächst) auf die grundlegenden Menschenrechte von Leben und körperlicher Unversehrtheit spezialisierten internationalen NGO, die für ihre Arbeit 1977 den Friedensnobelpreis erhielt und gegenwärtig mit weit mehr als einer Million Mitglieder weltweit zu den größten Menschenrechtsorganisationen überhaupt gehört. Trotz anfänglicher Skepsis vieler, auch westlicher Regierungen führte diese Kampagne schließlich zur Verabschiedung des Übereinkommens gegen Folter (CAT, 1984). Einen ebenso großen Einfluss hat Human Rights Watch, neben Amnesty International eine weitere bedeutende Menschenrechtsorganisation. Sie wurde 1978 gegründet, zunächst um die Einhaltung der Menschenrechtsbestimmungen der Schlussakte von Helsinki seitens der sowjetischen Blockstaaten, später auch seitens der westlichen Staaten zu kontrollieren. Für ihre Kampagne zum internationalen Verbot von Landminen erhielt auch sie 1997 den Friedensnobelpreis, und durch ihre Berichterstattung über Menschenrechtsverletzungen in Ruanda und Jugoslawien trug sie maßgeblich zur Errichtung und vor allem zur Prozessführung der beiden Internationalen Straftribunale (ICTR und ICTY) bei (vgl. Korey 1998, S. 339–367).

---

31 Im Jahr 1948 verfügten 41 Nichtregierungsorganisationen über Konsultativstatus, heute sind es mehr als zweitausend, von denen etwa 200 transnationale Menschenrechtsorganisationen sind.

Nichtregierungsorganisationen haben also die Entwicklung des globalen Menschenrechtsregimes mitbestimmt. Umgekehrt hat diese aber ihrerseits die Mobilisierung transnationaler sozialer Bewegungen begünstigt (vgl. Smith 1996). Nachdem der Konsultativstatus einmal geschaffen war, haben verschiedenste Gruppen, durchaus auch solche mit partikularen Interessen, erkannt, dass sie ihre Anliegen hier wirkungsvoll vortragen können. Auch die konkreten Handlungsstrategien von NGOs sind durch die rechtliche und politische Entwicklung des Menschenrechtsregimes bestimmt. Waren sie zunächst primär auf die Normsetzungsprozesse im Rahmen der Vereinten Nationen orientiert, so haben sie sich seit der Konsolidierung völkerrechtlicher Standards in den siebziger Jahren verstärkt auf die Vergrößerung ihrer eigenen Mitgliederbasis, öffentlichkeitswirksame Berichte über Menschenrechtsverletzungen und die Einflussnahme auf bilaterale Menschenrechtspolitik konzentriert, um Menschenrechte auch in der Praxis durchzusetzen.

3.3.2 NGOs und internationale Menschenrechtspolitik

Da das Völkerrecht einerseits über keinen funktionsfähigen Zwangsstab verfügt, sondern genossenschaftlich verfasst ist, Staaten andererseits aber in ihren Beziehungen untereinander höchst widersprüchliche Interessen verfolgen, ist die rechtlich-politische Durchsetzbarkeit von Menschenrechten bislang begrenzt. Umso wichtiger ist daher, wie sozialwissenschaftliche Forschungen zeigen, das Engagement transnational vernetzter Nichtregierungsorganisationen.[32] Ihnen ist es zu verdanken, dass konkrete Fälle von Menschenrechtsverletzungen auf die

---

32 Vgl. Risse/Ropp/Sikkink 1998; Risse/Jetschke/Schmitz 2002. Die Untersuchungen konzentrieren sich in den meisten Fällen auf autoritäre Regime in asiatischen, afrikanischen und lateinamerikanischen Entwicklungsländern, ließen sich aber durchaus auch auf politischen Wandel in westlichen Demokratien erweitern.

Agenda internationaler Politik gesetzt werden, dass lokale Oppositions- oder Bürgerrechtsbewegungen moralischen und materiellen Rückhalt erfahren und dass damit sowohl von oben als auch von unten Druck auf repressive Regierungen ausgeübt werden kann.

Die Durchsetzung von Menschenrechten kann man dabei als einen Prozess der Sozialisation beschreiben, in dem Staaten ihr Verhalten zunehmend an international anerkannten Werten und Normen orientieren. Dieser Sozialisationsprozess erfolgt in mehreren Phasen (vgl. Risse/Jetzschke/Schmitz 2002, S. 19 und 37–44). Sein Ausgangspunkt ist eine Situation, in der ein autoritärer Staat jegliche Form lokaler Opposition mittels unterschiedlicher Maßnahmen – Zensur, politische Gefangenschaft, Folter, willkürliche Tötungen – unterdrückt (Phase 1). Wenn transnationale Netzwerke von Menschenrechtsorganisationen auf diese Situation aufmerksam werden und es ihnen gelingt, Zugang zu genaueren Informationen über Repressionen zu beschaffen, beginnt ein spiralförmiger Prozess politischen Wandels, bei dem internationale und innenpolitische Faktoren ineinander greifen.

Zunächst prangern NGOs repressive Praktiken, oft dramatisiert durch besondere Ereignisse oder Einzelschicksale, öffentlich als Menschenrechtsverletzungen an, tragen entsprechende Vorwürfe in die Gremien internationaler Organisationen (etwa die UN-Menschenrechtskommission) und in die Parlamente demokratischer Staaten und fordern diese zu Sanktionen gegenüber dem betroffenen Land auf (Phase 2). Derartige moralische Verurteilungen, zumal wenn (westliche) Staaten sie unterstützen, weist die kritisierte Regierung zumeist zurück, oft mit dem Verweis auf das Prinzip staatlicher Souveränität und das Verbot der Einmischung in innere Angelegenheiten. Sobald jedoch politische oder ökonomische Sanktionen drohen, steigen für die Regierung die relativen Kosten der Fortsetzung repressiver Praktiken deutlich an.

Gelingt es der transnationalen Menschenrechtsbewegung, den moralischen und politischen Druck auf ein Land aufrechtzuerhalten, macht die betroffene Regierung typischerweise taktische Konzessionen, etwa durch die Freilassung einzelner politischer Gefangener (Phase 3). Sie versucht dadurch, Kritik zu minimieren und eventuelle internationale Sanktionen abzuwehren. Indem sie so aber zumindest implizit die Legitimität von Menschenrechtsnormen anerkennt, schafft sie neue Gelegenheiten für die Mobilisierung lokaler Oppositionsbewegungen.

Dieser Bumerangeffekt kann, insbesondere wenn die oppositionellen Kräfte mit den internationalen Nichtregierungsorganisationen vernetzt sind, zur formellen Anerkennung von Menschenrechten führen – durch die Ratifikation internationaler Menschenrechtskonventionen, Gesetzes- oder Verfassungsänderungen (Phase 4). Menschenrechte gewinnen nun den Status präskriptiver Normen, deren Geltung die Regierung nicht mehr leugnen kann. Abgeschlossen ist dieser Sozialisationsprozess jedoch erst, wenn Menschenrechte nicht nur formell anerkannt, sondern auch in der Praxis umgesetzt werden, wenn also Regierungen etwa dafür sorgen, dass auch die Sicherheitskräfte auf repressive Praktiken verzichten, oder es gar zu einem Regimewechsel kommt (Phase 5).

Diese idealtypische Analyse der innenpolitischen Durchsetzung internationaler Menschenrechtsnormen in autoritären Staaten zeigt, dass die Aktivitäten transnational vernetzter Nichtregierungsorganisationen an den Wendepunkten politischer Entwicklung von entscheidender Bedeutung sind. Sie zeigt ferner, dass dabei ein spezifischer Typus des Handelns im Vordergrund steht, nämlich verständigungsorientiertes oder kommunikatives Handeln. Sobald autoritäre Regierungen Vorwürfe der Menschenrechtsverletzungen nicht mehr nur strategisch abwehren, sondern argumentativ zu entkräften versuchen, begeben sie sich in eine »argumentative Selbstverstrickung« (Risse/Jetschke/Schmitz 2002, S. 191); implizit erkennen sie die

Idee der Menschenrechte an und eröffnen inneren Oppositionsbewegungen damit neue Repertoires der Kritik.

Ob, wie schnell und in welchem Ausmaß sich Menschenrechte in autoritären Staaten durchsetzen lassen, hängt jeweils von den konkreten Umständen des Einzelfalls ab. Die politische und wirtschaftliche Macht des betreffenden Landes spielt hier ebenso eine Rolle wie die Interessenlage einflussreicher westlicher Staaten. Als langfristiger Entwicklungstrend ist allerdings erkennbar, dass sich mit der Verfestigung des globalen Menschenrechtsregimes in der zweiten Hälfte des 20. Jahrhunderts die Legitimität und die Effektivität der von NGOs betriebenen Menschenrechtspolitik erhöht haben. Sozialisationsprozesse, in denen autoritäre Staaten sich an die Normen der internationalen Staatengemeinschaft anpassen, verlaufen heute zügiger und meist auch erfolgreicher als noch in den siebziger und achtziger Jahren. Diese Entwicklung hat einerseits zur Folge, dass lokale Oppositionsbewegungen durch Vernetzung mit der transnationalen Menschenrechtsbewegung an politischer Macht gewinnen. Andererseits kann sie aber auch dazu führen, dass die Übernahme von Menschenrechtsnormen sich von lokalen innenpolitischen Konflikten abkoppelt. Die von NGOs, internationalen Organisationen und westlichen Staaten ergriffenen Initiativen zur Normdurchsetzung führen dann zu staatlichen Reformmaßnahmen, die lediglich dem Legitimitätsgewinn der herrschenden Klasse im internationalen Feld dienen und somit eher rituellem Handeln entsprechen, als dass sie den Forderungen innenpolitischer Mehrheiten Rechnung trügen (vgl. etwa Boyle/Preves 2000).

Die Bedeutung von transnational vernetzten NGOs für die Normsetzung und Normdurchsetzung zeigt insgesamt, dass die Institutionalisierung der Menschenrechte jenseits des Nationalstaats nicht allein auf Recht und Macht, sondern auch auf einer Erweiterung sozialer Solidarität basiert. Solidarische Gefühle beschränken sich nicht mehr auf den lokalen, konfessionellen oder nationalen Nahbereich, sondern erfassen auch weit entfernt lebende Fremde, die als Mitglieder der einen »Menschheit« wahrgenommen werden.[33] Zumindest werden solche Formen der Solidarität für die moralische Autorität von nichtstaatlichen Menschenrechtsorganisationen in Anspruch genommen. NGOs verfolgen vordergründig keine eigenen Partikularinteressen, sondern stellen sich in den Dienst universaler Werte – wiewohl sie faktisch mittlerweile selbst über beträchtliche Macht verfügen, ohne in irgendeiner Form demokratisch legitimiert zu sein (vgl. Hurrell in Dunne/Wheeler 1999, S. 289 f.).

NGOs sind somit, gemeinsam mit internationalen Organisationen, Träger einer globalen Menschenrechtskultur, in deren Horizont einzelne Staaten ihre eigenen politischen Machtinteressen formulieren. Gestützt auf ihre moralische Autorität und ihren politischen Einfluss tragen sie durch ihre transnationale Vernetzung, ihre Öffentlichkeitsarbeit und ihr Lobbying zur Konstruktion einer institutionellen Umwelt bei, deren normativen Erwartungen sich Staaten kaum entziehen können. Gegenüber dem internationalen Staatensystem bilden sie insofern das Gegengewicht einer transnationalen Zivilgesellschaft.

3.4 Menschenrechte zwischen Nationalstaat und Weltgesellschaft

Dass die Menschenrechte in den geschilderten rechtlichen, politischen und zivilgesellschaftlichen Formen jenseits des Na-

---

[33] Dass sich solche Solidarität zunächst durchaus auf partikulare Zugehörigkeit stützen kann, zeigt die aus evangelikalen Kampagnen gegen die Verfolgung von Christen entstandene interreligiöse Koalition zum Schutz der Religionsfreiheit, die maßgeblich zur Entstehung des *International Religious Freedom Act* in den USA beigetragen hat; vgl. Hertzke 2004, v.a. S. 183 ff.

tionalstaats institutionalisiert worden sind, ist ein wichtiger Teilaspekt der Herausbildung von **Weltgesellschaft** (Koenig 2005).[34] Die Entwicklung deutet darauf hin, dass Strukturen moderner Gesellschaft, die sich zunächst im nationalstaatlichen Rahmen entwickelt hatten, im 20. Jahrhundert »globalisiert« worden sind. Menschenrechte können dabei als eine Form der Inklusion von Individuen und anderen Akteuren in weltgesellschaftliche Ordnungen begriffen werden. Es stellt sich die Frage, ob und inwieweit damit ein Status der Weltbürgerschaft entstanden ist, der an die Stelle nationaler Staatsbürgerschaft als klassischer Inklusionsform der Moderne (vgl. 2.3. (a)) tritt.

In der sozialwissenschaftlichen Diskussion wird das Verhältnis von Menschenrechten zu Weltgesellschaft und Nationalstaat unterschiedlich konzipiert. Eine erste Konzeption knüpft an die Tradition des Kosmopolitanismus an. Aus dieser Sicht scheint Wirklichkeit geworden zu sein, was Kant in seiner Schrift *Zum Ewigen Frieden* noch als Vision skizzierte: ein weltbürgerlicher Zustand, in dem »die Rechtsverletzung an einem Platz der Erde an allen gefühlt wird« (Kant 1968, VIII, S. 360). Die Völkerrechtsentwicklung scheint über die Kantische Konzeption, nach der sich das Weltbürgerrecht auf ein allgemeines Aufenthaltsrecht beschränkt, sogar hinausgegangen zu sein, da auch andere, vormals an Staatsbürgerschaft geknüpfte Rechte internationalisiert worden sind. Auch die an Menschenrechten orientierte Weltinnenpolitik und ihre weltzivilgesellschaftliche Grundlage weisen über Kants Vision eines Bundes freier Republiken hinaus. Die weltgesellschaftliche In-

---

34 Der Begriff der Weltgesellschaft (»world society«) ist eher in der soziologischen Literatur geläufig, findet sich aber auch in den Theorien Internationaler Beziehungen, um deutlich zu machen, dass sich Strukturen jenseits des Nationalstaats nicht auf das *zwischen*staatliche System (»international society«) beschränken; vgl. etwa Vincent 1986, S. 92 ff.

stitutionalisierung von Menschenrechten scheint vielmehr Kern einer im Entstehen begriffenen kosmopolitischen Ordnung zu sein (vgl. etwa Falk 2000; Held 1996).

Diese kosmopolitische Konzeption verleitet dazu, Weltbürgerschaft als Projektion der Form nationaler Staatsbürgerschaft auf die Ebene der Weltgesellschaft zu deuten. Dagegen lässt sich jedoch einwenden, dass die enge Kopplung von legalen Rechten, politischer Mitgliedschaft und kollektiver Identität, wie sie für nationale Staatsbürgerschaft charakteristisch ist, zum gegenwärtigen Zeitpunkt kaum jenseits des nationalen Verfassungsstaats realisierbar ist. Erstens entbehren die völkerrechtlich kodifizierten subjektiven Abwehr-, Teilhabe- und Anspruchsrechte bis heute einer zentralen Durchsetzungsinstanz. Zweitens ist ein Status formaler Mitgliedschaft in einem verfassten Weltstaat nicht erkennbar, sodass der Nationalstaat weiterhin der wichtigste Adressat und Garant von Menschenrechten bleibt. Und drittens wird die Tiefe sozialer Solidarität, die für den nationalen Wohlfahrtsstaat kennzeichnend ist, jenseits des Nationalstaats bislang nicht erreicht. Selbst die durch den Vertrag von Maastricht (1992) eingeführte europäische Unionsbürgerschaft stellt keinen Ersatz für nationale Staatsbürgerschaft dar, da sie nur den Staatsangehörigen von EU-Mitgliedstaaten zusteht und kaum auf demokratischer Selbstgesetzgebung beruht. Wenn man die Maßstäbe nationaler Staatsbürgerschaft anlegt, bleibt die kosmopolitische Idee der Weltbürgerschaft – wie sehr sie aus normativen Gründen erstrebenswert sein mag (Held 1996, besonders S. 192f., 270f.) – also noch eine Vision.

Demgegenüber betont eine zweite Konzeption die bleibende Relevanz nationaler Staatsbürgerschaft für die Inklusion von Individuen in der modernen Gesellschaft. Sie tritt in einer integrations- und einer differenzierungstheoretischen Variante auf. Erstere steht in der Tradition der auf Emile Durkheim zurückgehenden und von Thomas Marshall weiterentwickelten Integrationstheorie (vgl. 2.3. (a)). Durkheim argumentierte, dass die zunehmende Arbeitsteilung in modernen Gesellschaften eine Form sozialer Solidarität erfordere, die nicht mehr auf der Ähnlichkeit (»mechanische Solidarität«), sondern auf der wechselseitigen Abhängigkeit ihrer Mitglieder (»organische Solidarität«) basiere (vgl. dazu Koenig 2002, S. 38–71). Symbolisch werde diese Solidaritätsform in einem »Kult des Individuums« zum Ausdruck gebracht, in dessen Zentrum die Würde und die Rechte des Menschen stünden. Durkheim selbst, der noch den französischen Nationalstaat der Dritten Republik vor Augen hatte, stellte bereits die Überlegung an, dass die Verbesserung von Kommunikations- und Verkehrsmöglichkeiten in Zukunft zu einer internationalen Arbeitsteilung führen würde, die auch jenseits nationaler Gesellschaften organische Solidarität erzeuge. Genau diese Entwicklung scheint durch die technische Entwicklung und die wirtschaftliche Globalisierung im 20. Jahrhundert ermöglicht worden zu sein. In einer arbeitsteiligen Weltgesellschaft werden die Menschen zunehmend abhängig voneinander, gemeinsam geteilte moralische Überzeugungen richten sich daher nicht mehr auf nationale »Wir-Gefühle«, sondern auf abstrakte Werte wie Würde und Recht des Menschen (vgl. ähnlich Elias 1987, S. 301 ff.). Da die »Menschheit« aber eine diffuse und nur schwerlich organisierbare Größe ist, bleibt in Durkheimscher Perspektive nationale Staatsbürgerschaft auf Dauer der soziale Ordnungsrahmen für weltbürgerliche Orientierungen; in ihr, so Durkheim in Anlehnung an Kant, würden »nationales Ideal« und »Menschheitsideal«, Patriotismus und Kosmopolitanismus miteinander versöhnt (Durkheim 1991, S. 109). Konzeptionen des »Verfassungspatriotismus«, denen zufolge nationale Identität ihren partikularistischen Gehalt zugunsten universalistischer Grundsätze von Demokratie und Menschenrechten verliert (vgl. Habermas 1992, S. 642), stehen in dieser Tradition. Staatsbürgerschaft bleibt danach vorerst die zentrale Inklusionsform der

Moderne, wird jedoch durch eine weltbürgerliche Wertorientierung inhaltlich qualifiziert.

Die differenzierungstheoretische Variante dieser Konzeption geht zunächst durchaus davon aus, dass soziale Ordnung nicht mehr nationalstaatlich, sondern weltgesellschaftlich organisiert sei (Luhmann 1993). Als treibende Kraft der Entwicklung der modernen Weltgesellschaft sieht sie die funktionale Differenzierung gesellschaftlicher Teilsysteme, wie Wirtschaft, Politik oder Recht. Diese Teilsysteme, die voneinander immer unabhängiger würden, verfügten indessen über eigene Formen sozialer Inklusion, die nicht in einem formalen Weltbürgerstatus und schon gar nicht in kosmopolitischer Solidarität zur Deckung zu bringen seien. Politische Inklusion werde aufgrund der (segmentären) Differenzierung des globalen Politiksystems in gleichrangige souveräne Staaten weiterhin über nationale Staatsbürgerschaft organisiert. Im Unterschied zur integrationstheoretischen Position wird Staatsbürgerschaft hier nicht als Form gesamtgesellschaftlicher Solidarität gedeutet, sondern lediglich als Versuch des Politiksystems begriffen, die Inklusionsformen in *anderen* Teilsystemen, die nach ganz eigenen Regeln oder Codes operieren, zu regulieren. Wirtschaftliche Anspruchsrechte beispielsweise dienten der (zumeist vergeblichen) politischen Steuerung von Inklusion in das Weltwirtschaftssystem. Die Institutionalisierung von Menschenrechten ändere diese Funktion von Staatsbürgerrechten nicht, sondern spiegle lediglich die zunehmende Differenzierung von Recht und Politik wider. In ihrer Folge entstünden im Rechtssystem neue Semantiken der Rechts*begründung*, in denen das paradoxe Verhältnis von individueller Freiheit und geltendem Recht bearbeitet werde, die Rechts*geltung* aber bleibe an das politische System und damit an souveräne Staatlichkeit gebunden (Luhmann 1993, S. 233 f.).

In ihren beiden Varianten ist die auf nationale Staatsbürgerschaft abstellende Konzeption ein wichtiges Korrektiv gegenüber dem Optimismus der kosmopolitischen Konzeption. Allerdings blendet sie wichtige Dimensionen der weltgesellschaftlichen Institutionalisierung von Menschenrechten aus, darunter nicht zuletzt die durch das Völkerrecht, staatliche Menschenrechtspolitik und die Aktivitäten von NGOs geschaffenen sozialen Strukturen. Diese werden von einer dritten Konzeption dagegen gerade in den Mittelpunkt gerückt (Berkovitch 1999; McNeely 1998; Soysal 1994; vgl. auch Bonacker 2003). Jene Strukturen basieren auf universalistischen Identitätssymbolen (»Menschheit«), Werten (»Menschenwürde«) und Ordnungsvorstellungen (»Menschenrechte«), die über nationale Grenzen hinausreichen und dadurch ein kulturelles Bewusstsein von Weltgesellschaft schaffen. Die **globale Menschenrechtskultur** artikuliert sich in eigenen institutionellen Formen von Recht, Macht und Solidarität. Sie stellen weltgesellschaftliche Kontexte dar, innerhalb derer sowohl Staaten als auch Individuen ihre eigenen Identitäten, Wertbindungen und Interessen formulieren. Indem sie die Schaffung neuer sozialer Institutionen, Trägergruppen und Handlungslogiken auf weltgesellschaftlicher Ebene vorantreiben, treten Menschenrechte neben die klassische Inklusionsform nationaler Staatsbürgerschaft. Waren subjektive Rechte dort noch an Staatsangehörigkeit und nationale Identität gebunden, werden sie hier voneinander entkoppelt (Koenig 2005). Über subjektive Rechte verfügt das Individuum nicht allein qua Mitgliedschaft im Staat, sondern auch qua Einbindung in transnationale Strukturen, die allerdings nicht die Gestalt einer demokratisch verfassten Weltrepublik, sondern die einer pluralistischen, von Staaten, internationalen Organisationen und Nichtregierungsorganisationen gebildeten Weltgesellschaft annehmen. Ebenso werden subjektive Rechte, wie die Kodifizierung der Menschenrechte indigener Bevölkerungen, nationaler Minderheiten und Migrantengruppen zeigt, von der Identifikation mit einer nationalen Gemeinschaft gelöst. Die Institutionalisierung der Menschenrechte jenseits des Nationalstaats resultiert in einem Nebeneinander weltgesellschaftlicher und nationalstaatlicher Inklusionsformen, von Weltbürgerschaft und Staatsbürgerschaft. Gerade aus diesem Nebeneinander erklären sich viele der gegenwärtig zu beobachtenden politischen Konflikte und der sie begleitenden Kontroversen über die Legitimität der Menschenrechte.

4 Kontroversen im globalen Menschenrechtsdiskurs

Die weltgesellschaftliche Institutionalisierung von Menschenrechten im 20. Jahrhundert war stets von normativen Diskursen begleitet, in denen die Entwicklung geltenden Rechts, internationaler Machtkonstellationen und transnationaler Solidaritäten kritisch reflektiert wurde. Diese Diskurse sind eine wichtige Dimension der Institutionalisierung von Menschenrechten; als juridische, also in geltendem Recht positivierte subjektive Rechte bleiben Menschenrechte stets auf die diskursive Verständigung über ihre moralische Legitimität angewiesen. Normative Diskurse sind insofern der Kern der globalen Menschenrechtskultur, in die konkrete institutionelle Formen von Menschenrechten eingebettet sind. Die Argumente solcher normativer Diskurse, an denen Menschenrechtsaktivisten, Politiker und Juristen gleichermaßen teilnehmen, sind mit besonderer Prägnanz in der Philosophie formuliert worden. Exemplarisch lassen sich in ihr daher die strittigen Punkte erkennen, die im globalen Menschenrechtsdiskurs Anlass zu Kontroversen bieten. Es geht dabei vor allem um den Gehalt, die Begründbarkeit und die interkulturelle Übersetzbarkeit der Menschenrechte.

4.1 Zum Gehalt der Menschenrechte

Ein zentraler Gegenstand sowohl öffentlicher wie philosophischer Kontroversen war und ist der Gehalt der Menschenrechte. Gingen die Autoren der *Allgemeinen Erklärung der Menschenrechte* von der Unteilbarkeit der so genannten drei »Generationen« oder »Dimensionen« von Rechten aus (vgl. 3.1.2.), so sind durch die Vervielfältigung rechtlich kodifizierter Menschenrechte in der Völkerrechtsentwicklung seit 1945 zunehmend Spannungen zwischen ihnen hervorgetreten. Sogar innerhalb des Zivilpakts sind Rechtsgüterkonflikte aufgetreten, etwa zwischen dem Recht auf ungehinderte Meinungsfreiheit (Artikel 19) und dem Verbot des Eintretens für nationalen, rassischen oder religiösen Hass (Artikel 21) oder zwischen dem Prinzip der Gleichberechtigung von Mann und Frau (Artikel 3) und dem Recht auf Religionsfreiheit (Artikel 18). Erst recht aber konkurrieren die Freiheitsrechte des Zivilpakts mit den sozialen, ökonomischen und kulturellen Gleichheitsansprüchen des Sozialpakts oder neueren Kollektiv- und Solidaritätsrechten wie dem Recht auf Entwicklung. Die Regierungen der westlichen Staaten, des kommunistischen Blocks und der Entwicklungsländer haben den Schwerpunkt ihrer Menschenrechtspolitik jeweils auf eine dieser Klassen von Rechten gesetzt (vgl. 3.2.1.), wobei die westliche Deutung, wie die vergleichsweise straffen Durchführungsverfahren des Zivilpakts zeigen, eine gewisse Dominanz gewonnen hat. Die Unteilbarkeit der Menschenrechte lediglich zu behaupten, ist daher unbefriedigend. Vielmehr sind die normativen Kriterien zu prüfen, aufgrund derer spezifischen Rechten eine Priorität zugemessen werden kann.

(a) Ein klassisches philosophisches Argument, mit dem die Vorrangstellung bürgerlicher und politischer Rechte begründet wird, lautet, dass nur sie universal, praktikabel und relevant seien und mithin dem Begriff absoluter Rechte entsprächen (vgl. vor allem Cranston 1973). Mit Blick auf das Universalitätskriterium wird etwa argumentiert, nur solche subjektiven Rechten seien wirklich Menschenrechte, die unterschiedslos allen Individuen zuzugestehen seien (Cranston 1973, S. 21). Rechte, die, wie die sozialen, ökonomischen und kulturellen Rechte, nur von bestimmten Personen oder Personengruppen reklamiert werden könnten, stellten demgegenüber eine andere Klasse von Rechten dar (ebd., S. 66 f.). Das Recht auf bezahlten Urlaub etwa (Artikel 24 UDHR) könne nur von Personen genossen werden, die überhaupt einer Erwerbsarbeit nachgingen, es sei daher kein universales moralisches Recht. Auch dem Kriterium der Praktikabilität genügten nur bürgerliche und politische Rechte, da ihre Durchsetzung den Staat als primären Rechtsadressaten nicht, wie etwa beim Recht auf einen angemessenen Lebensstandard (Artikel 25 UDHR) oder dem Recht auf Bildung (Artikel 26 UDHR), auf aktive Leistungen, sondern lediglich auf die Unterlassung von Repressionen verpflichte (ebd., S. 69). Relevanz (»paramount importance«), das dritte Kriterium, besitzen aus dieser Sicht ebenfalls nur bürgerliche und politische Rechte, da ihre Missachtung unmittelbar als Rechtsverletzung und nicht, wie im Falle sozialer, ökonomischer und kultureller Rechte, als Nichteinlösung eines politischen Programms empfunden werde. Die völkerrechtliche Kodifizierung sozialer, ökonomischer und kultureller Menschenrechte im Rahmen der Vereinten Nationen – insbesondere ein nicht von Individuen, sondern von Völkern ausgeübtes Recht auf Entwicklung – wäre aus dieser Sicht zu kritisieren, weil damit der Begriff der Menschenrechte verwässert und deren moralisches Gewicht insgesamt aufs Spiel gesetzt werde (ebd., S. 74 f.).

Tatsächlich hat diese Argumentation, die auf der Dichotomie »negativer« und »positiver« Rechte basiert und bis heute vielfach vertreten wird (vgl. etwa Kühnhardt 1991, S. 244 ff.), einiges für sich. Schon die Tatsache, dass sich, wie das Menschenrechtsregime des Europarats zeigt, bislang eher die bürgerlichen und politischen Individualrechte als justiziabel erwiesen haben, deutet in diese Richtung. Dennoch ist ihr mit Nachdruck widersprochen worden, und zwar nicht nur seitens des sozialistischen Lagers, sondern auch innerhalb der liberalen Tradition des Menschenrechtsdenkens (vgl. Vincent 1986, S. 11-13; Donnelly 1989, S. 31-34). Bei genauerem Hinsehen zeigt sich nämlich, dass die Kriterien der Universalität, Praktikabilität und Relevanz nicht trennscharf sind. Schon mit dem Universalitätskriterium lässt sich der vermeintliche Gegensatz von bürgerlichen und politischen Rechten einerseits und sozialen, ökonomischen und kulturellen Rechten andererseits nicht hinlänglich begründen. Dass Rechte, wie das Recht auf Arbeit – ebenso aber übrigens auch das (politische) Recht auf die Beteiligung an Wahlen (Artikel 21 UDHR) –, nur in bestimmten Situationen ausgeübt werden, bedeutet nicht, dass sie nicht universal und absolut wären, solange alle Menschen potenziell in jene Situation kommen könnten. Auch das Praktikabilitätskriterium kann die Hierarchisierung der drei Dimensionen von Menschenrechten nicht rechtfertigen. Manche liberalen und politischen Rechte verlangen durchaus aktives staatliches Eingreifen, etwa die Aufrechterhaltung eines Rechtswesens oder die Finanzierung von Ausbildungsprogrammen des Polizei- und Militärpersonals zur Verhinderung von Folter. Und umgekehrt bedarf der Schutz mancher sozialer und ökonomischer Rechte lediglich der Unterlassung staatlicher Praktiken. So erfordert der Genuss des Rechts auf einen angemessenen Lebensstandard (Artikel 11 ICESCR) in Entwicklungsländern oft nicht mehr als die Unterlassung einseitiger Wirtschaftsförderungs- oder Strukturanpassungsprogramme seitens westlicher Staaten. Die Unterscheidung zwischen »negativen« und »positiven« Freiheiten steht also quer zu den verschiedenen Klassen oder Dimensionen von Menschenrechten (Shue 1981, S. 35-40). Und sozial-ökonomische Rechte wie das Recht auf ausreichende Ernährung als irrelevant zu bezeichnen, hieße, eine materielle Versorgungslage zu unterstellen, von der große Teile der Weltbevölkerung heute ausgeschlossen sind.

Angesichts dieser Schwierigkeiten einer abschließenden Klassifizierung von Rechten ist vorgeschlagen worden, konkrete Menschenrechtskataloge als nicht a priori begründbar, sondern als historisches Ergebnis von Emanzipationskämpfen zu deuten (vgl. Donnelly 1989, S. 27 und ähnlich Bobbio 1998, S. 73). Menschenrechte erscheinen dann allgemein als eine **symbolische Form**, die es erlaubt, gegenüber etablierten Herrschafts- und Rechtsordnungen immer neue Freiheits- und Autonomieforderungen zu artikulieren (vgl. Lefort 1986, S. 258 f.). Dass im »post-Westfälischen« Völkerrecht neben individuellen Rechten auch kollektive Rechte – das Recht auf Selbstbestimmung, das Verbot des Völkermords, der Schutz von Minderheiten – als Menschenrechte kodifiziert wurden, ist aus dieser Sicht nicht einer Inflation der Menschenrechtsrhetorik, sondern den spezifischen Herrschafts- und Unrechtserfahrungen des 20. Jahrhunderts geschuldet. Auch Forderungen nach einem Recht auf Entwicklung lassen sich als Reaktion auf Unrechtserfahrungen im kapitalistischen Weltwirtschaftssystem verstehen. Jede Institutionalisierung konkreter Menschenrechtskataloge bleibt also stets vorläufig und kann sogar selbst Anlass für neue Freiheits- und Autonomieforderungen bieten. Genau in diesem Bedeutungsüberschuss des Menschenrechtsbegriffs liegt der Grund für die Unmöglichkeit, den Gehalt von Menschenrechten abschließend zu definieren.

(b) Betrachtet man aber konkrete Menschenrechtskataloge als variabel, so treten die Spannungen zwischen einzelnen Rechten nur noch deutlicher zutage. Anstatt einzelne Dimensionen von Rechten zu unterteilen, ließe sich die Frage nach dem Kerngehalt von Menschenrechten so beantworten, dass man programmatische von **fundamentalen Menschenrechten** unterscheidet. Im Rahmen der Völkerrechtsentwicklung finden sich fundamentale Menschenrechte in der Liste notstandsfester (»non-derogable«) Rechte nach Artikel 4 des Zivilpakts (vgl. 3.1.3.) sowie einigen der vom ICJ und vom ICC anerkannten *ius cogens*-Normen wie dem Verbot von Sklaverei, Rassendiskriminierung und Verbrechen gegen die Menschlichkeit. Auch die Menschenrechtspolitik westlicher Staaten und NGOs unterstellt, gerade wenn es um die Verhängung politischer oder ökonomischer Sanktionen geht, die Idee grundlegender Menschenrechte. Der Formulierung einer kohärenten Konzeption fundamentaler Menschenrechte widmet sich daher ein zweiter Strang der philosophischen Kontroverse um den Gehalt der Menschenrechte.

Eine klassische philosophische Position zu fundamentalen Menschenrechten haben wir mit Hannah Arendts Vorstellung eines »Rechts auf Rechte« (Arendt 1986, S. 614) bereits kennen gelernt (vgl. 2.3. (b)). In der republikanischen Tradition des Menschenrechtsdiskurses geht sie davon aus, dass Rechte an Mitgliedschaft in einem politischen Gemeinwesen gebunden sind. Menschenrechte, die sich von diesen Rechten unterscheiden, so ihr Argument, reduzierten sich daher auf das eine, fundamentale Recht auf Mitgliedschaft, also auf Staatsangehörigkeit (Artikel 15 (1) UDHR). Erst wenn Menschen über diesen Status verfügten, gewönnen sie Zugang zu anderen Rechten. Das Problem dieser Argumentation ist allerdings, dass sie die durch Menschenrechte gestifteten sozialen Beziehungen auf das Verhältnis von Individuen und Staat reduziert und damit hinter der bereits erfolgten Entwicklung weltgesellschaftlicher Rechts-, Macht- und Solidaritätsstrukturen zurückbleibt.

Die neuere Diskussion geht daher über die Arendtsche Position hinaus, indem sie ein Ensemble von Fundamentalmenschenrechten zu identifizieren versucht, die der Mensch *vor* seiner Mitgliedschaft in einer politischen Gemeinschaft besitzt. Solche grundlegenden Menschenrechte werden dabei teils aus den physischen Bedürfnissen, teils aus der moralischen Bestimmung des Menschen hergeleitet. Besonders prägend für die Diskussion um den »Menschenrechtsminimalismus« (Kersting in Merkel 2000, S. 211; vgl. auch Ignatieff 2002, S. 77 und 98) ist eine Konzeption, die unter »basic rights« den Anspruch auf die Erfüllung grundlegender Bedürfnisse versteht, die zum Genuss anderer Rechte erforderlich ist (vgl. vor allem Shue 1981, S. 19; ähnlich Vincent 1986, S. 13–16). Drei Fundamentalmenschenrechte werden dabei, in Abwandlung von Lockes klassischer Trias von Leben, Freiheit und Eigentum, genannt: Sicherheit, Freiheit und Subsistenz. Wenn man in Angst, Unfreiheit und Hunger lebe, so das Argument, seien alle übrigen Menschenrechte wertlos. Die drei Fundamentalmenschenrechte, die ähnlich bereits in Roosevelts »Four Freedoms« genannt werden, seien universal, unveräußerlich und unteilbar und stellten die Grundlage für die Konkretisierung der übrigen Erst-, Zweit- und Drittdimensionsrechte dar.

Offen bleibt dabei allerdings, wie diese Minimalliste fundamentaler Menschenrechte begründet werden kann. Zwar kann man diese Frage zunächst einklammern, wenn man primär nachweisen will, dass Subsistenz, also ein soziales und ökonomisches Recht, nicht weniger grundlegend ist als Sicherheit und Freiheit (Shue 1981, S. 22–29) und dass die westliche, vor allem die US-amerikanische Menschenrechtspolitik insofern als einseitig zu kritisieren sei (ebd., S. 155 ff.). Doch um fundamentale Menschenrechte plausibel begründen zu können, müsste ihre einheitsstiftende Idee genauer bestimmt werden können. Verschiedene Konzeptionen sind dabei denkbar. Folgt man der kantianischen Tradition, wird man auf den Wert der Menschenwürde und das aus ihr abgeleitete eine Menschenrecht auf gleiche Freiheit verweisen (vgl. Bielefeld 1998, S. 91). Anders akzentuierte Vorschläge bestimmen die Menschenrechte über ihren Zweck, »die Fähigkeit des Menschen zu selbstbestimmtem Handeln zu schützen und zu stärken« (Ignatieff 2002, S. 43), oder setzen sie in Bezug zum »transzendentalen Interesse« der Handlungsfähigkeit, einem Interesse also, das jeder Mensch bei der Verfolgung konkreter Handlungsziele implizit voraussetzt (Höffe 1996, S. 76). In jedem Fall aber wird man zu dem Problem Stellung beziehen müssen, wie die Idee der Menschenrechte *überhaupt* gerechtfertigt werden kann. Diese Frage verweist auf die zweite große Kontroverse im globalen Menschenrechtsdiskurs, nämlich die Diskussion um den Universalismus der Menschenrechte.

4.2 Zur Begründbarkeit der Menschenrechte

Nach ihrer Begriffsstruktur wohnt den Menschenrechten der Anspruch auf universale Geltung inne. Sie bezeichnen absolute Rechte, deren Geltung man nicht dadurch rechtfertigt, dass man auf historisch gewachsene Konventionen, Sitten oder Gesetze einer bestimmten, partikularen Gemeinschaft verweist, sondern indem man sie als legitime Ansprüche *aller* Menschen reklamiert (vgl. 1). Gerade im 20. Jahrhundert wurde der **Universalismus** der Menschenrechte gegen den lange vorherrschenden Rechtspositivismus ins Feld geführt, um staatlicher Herrschaft striktere Grenzen setzen und Kolonialismus, Totalitarismus und Völkermord unterbinden zu können.

Dass der universale Geltungsanspruch von Menschenrechten indessen nicht unumstritten ist, haben bereits die innereuropäischen Reaktionen auf die Französische Revolution gezeigt (2.2. (b)). Heute, im Zusammenhang der weltgesellschaftlichen Institutionalisierung der Menschenrechte, wird er vor allem mit Blick auf die Vielfalt kultureller Traditionen in Frage gestellt. So warf die *American Anthropological Association* während der *travaux préparatoires* zur *Allgemeinen Erklärung der Menschenrechte* die Frage auf, wie eine Deklaration formuliert werden könne, die nicht nur den Wertvorstellungen des Westens entspräche, sondern die Eigenart anderer Kulturen berücksichtige (Herskovits 1947, S. 539). Dem Universalismus der Menschenrechte wird also der **Partikularismus** kultureller Traditionen gegenübergestellt.

Die Kontroverse zwischen universalistischen und partikularistischen oder auch relativistischen Theorien der Normgeltung und -begründung wird im philosophischen Diskurs über die Menschenrechte bis heute geführt. Die Positionen unterscheiden sich dabei in erster Linie danach, ob sie die Existenz *universal* gültiger Normen anerkennen oder die Geltung von Normen auf *partikulare* Gemeinschaften beschränken. Darüber hinaus unterscheiden sie sich aber auch darin, ob sie die Normgeltung in *starken*, metaphysischen oder anthropologischen Vorannahmen begründen oder sie auf *schwache*, pragmatische oder sprachphilosophische Argumente stützen (vgl. ähnlich Dunne/Wheeler 1999).

(**ad a**) Zur starken Begründung universalistischer Normen werden im philosophischen Diskurs unterschiedliche Wege eingeschlagen. Ein erster Weg entspricht im Wesentlichen der klassischen Lehre des **Naturrechts** aus der frühen europäischen

Normgeltung und Normbegründung im Menschenrechtsdiskurs

Geltung *Begründung*	*universalistisch*	*partikularistisch*
stark	(a) Naturrecht Vernunftrecht	(b) Kulturrelativismus Kommunitarismus
schwach	(d) Diskurstheorie	(c) Postmoderne

Neuzeit. Die Begründung von Menschenrechten stützt sich hier auf Aussagen über die vernünftig einsehbare Natur des Menschen und die ihnen entsprechenden Regeln zwischenmenschlicher Beziehungen. Im Rahmen maximalistischer Naturrechtslehren argumentiert man dabei, dass natürliche Rechte ein Teil des umfassenden Regelsystems von Rechten und Pflichten sind, durch dessen Befolgung der Mensch seine Natur verwirklicht – gleich ob diese durch seine Gottesebenbildlichkeit oder durch Vernunft und freien Willen gekennzeichnet wird (vgl. klassisch Maritain 1951, S. 52 sowie Finnis 1980, S. 198–230). In minimalistischen Naturrechtslehren dagegen werden, ausgehend von der Verletzlichkeit und Begrenztheit des Menschen, natürliche Rechte als Regeln verstanden, ohne die jede soziale Ordnung zerfallen würde, darunter vor allem das fundamentale Menschenrecht auf gleiche Freiheit (vgl. Hart 1955, S. 175). Beide Varianten der naturrechtlichen Tradition teilen ein Verständnis natürlicher Rechte, das sowohl deren Universalität als auch ihre Unteilbarkeit unterstreicht.

Naturrechtliche Begründungsfiguren, die sich auf Aussagen über die objektive Natur des Menschen stützen, haben sich in der philosophischen Diskussion allerdings als hochgradig problematisch erwiesen. Die Behauptung, natürliche Rechte folgten aus der Natur des Menschen, ist erstens tautologisch. Anfechtbar ist sie zweitens, weil die Vorstellungen über die Natur des Menschen unter Bedingungen kultureller Vielfalt strittig sind. Und drittens wird ignoriert, dass die menschliche Natur gestaltbar und damit *selbst* einem evolutionären Wandel unterworfen ist (vgl. Donnelly 1989, S. 18). Gerade die jüngsten Diskussionen über die Biotechnologie zeigen, dass die Natur des Menschen eine nur vermeintlich objektive Basis der Normbegründung ist.

Ein zweiter, unmittelbar an Locke, Rousseau und Kant anschließender Weg der Begründung universaler Menschenrechte setzt daher nicht bei der objektiven Natur des Menschen, sondern bei dessen subjektivem Erkenntnisvermögen und den daraus abgeleiteten Prinzipien legitimer Rechtsordnung an. Menschenrechte sind darin begründet, so die Überlegung, dass vernünftige Personen sie sich wechselseitig zuerkennen müssten, wenn sie frei über die Regeln eines geordneten Zusammenlebens zu entscheiden hätten. Die in der neueren Debatte einflussreichste Formulierung dieses **vertragstheoretischen** Arguments stammt vom amerikanischen Philosophen John Rawls. In seiner *Theory of Justice* (1971, dt. 1975), die dezidiert gegen den seinerzeit in der angelsächsischen Moral- und Rechtsphilosophie vorherrschenden Utilitarismus gerichtet war, definiert Rawls Gerechtigkeit als Fairness. Der Kern seines Arguments ist die Konstruktion einer hypothetischen Entscheidungssituation (Urzustand), in der Individuen sich hinter einem »Schleier des Nichtwissens« (Rawls 1975, S. 159), also ohne ihre konkrete soziale Position im Voraus zu kennen, aus rationalem Selbstinteresse auf Prinzipien sozialer Ordnung einigten. Das rationale Ergebnis eines solchen fiktiven Entscheidungsprozesses seien das Gleichheitsprinzip, nach dem alle gleichermaßen über ein Maximum an individuellen Freiheits- und politischen Teilhaberechten verfügen sollten, und das Unterschiedsprinzip, das soziale und wirtschaftliche Ungleichheiten durch Chancengleichheit und Solidarität für sozial Benachteiligte begrenzt (ebd., S. 81). Der erste Grundsatz genießt Vorrang und leitet die Ausgestaltung der Verfassung einer liberalen Gesellschaft an, die auf einem System gleicher subjektiver Freiheiten basiert (ebd., S. 224 ff.). Die Umsetzung des zweiten Grundsatzes in Gestalt sozialer und ökonomischer Rechte wird der Gesetzgebung und ihren sozialpolitischen Maßnahmen zugewiesen.

Vertragstheoretische Begründungen von Rechten, wie die von Rawls, können auf starke Annahmen über die Natur des Menschen verzichten, wenngleich auch sie natürlich zumindest die Vorstellung eines freien und rationalen Individuums voraussetzen müssen. Gleichzeitig werten sie das Konzept subjektiver Rechte auf, da sie sie nicht, wie im Naturrecht, als Teil eines übergeordneten Regelsystems, sondern als tragende Basis des Rechtssystems deuten. Rechte fungieren, so die liberale Zuspitzung dieses Arguments, als »Trümpfe«, die alle anderen politischen Ansprüche ausstechen (Dworkin 1984, S. 303–336). Allerdings werden sie tendenziell auf ihren bürgerlichen und politischen Gehalt reduziert. Insofern sind die Vertragstheorien auf den nationalen Verfassungsstaat als institutionellen Rahmen von Menschenrechten zugeschnitten. Sie haben daher Schwierigkeiten, normative Maßstäbe für die Institutionalisierung von Menschenrechten in der Weltgesellschaft zu formulieren.

Dies zeigt die Begründung von Menschenrechten als Teil des Völkerrechts bei Rawls (vgl. bereits Rawls 1975, S. 415 f., sowie 2002 und in Shute/Hurley 1993, S. 53–103). Bewusst geht Rawls hier nicht von einer kosmopolitischen, sondern einer internationalistischen Perspektive aus (Rawls 2002, S. 100 ff. und 148). Er konstruiert einen »Urzustand«, in dem sich nun nicht Einzelpersonen, sondern Völker auf allgemeine Rechtsprinzipien einigen und gewissermaßen einen Gesellschaftsvertrag zweiter Ordnung abschließen (ebd., 41). Zu ihnen gehörten nicht nur »liberale Völker«, die der Gerechtigkeitstheorie entsprächen, sondern auch nicht-liberale »achtbare hierarchische Völker«, die von liberalen Völkern zu tolerieren seien, soweit sie fundamentale Menschenrechte respektierten. Diese umfassten dabei eine von den bürgerlichen und politischen Freiheitsrechten zu unterscheidende Klasse von Rechten: Leben, Freiheit, Eigentum und formale Gleichheit (ebd., S. 80). Der Schutz *dieser* Menschenrechte – und *nicht* des vollständigen Systems gleicher bürgerlicher Grundfreiheiten – sei Bestandteil des universal gültigen Völkerrechts. Er könne Interventionen gegenüber »Schurkenstaaten« legitimieren (ebd., S. 98), müsse in der Kriegsführung gegenüber der Zivilbevölkerung beachtet werden (ebd., S. 120) und solle in der Unterstützung belasteter Gesellschaften zum Tragen kommen (ebd., S. 134–137). Mit seiner Theorie des Völkerrechts geht es Rawls um kritisch-normative Leitlinien für die Außenpolitik liberaler Gesellschaften, insbesondere natürlich der USA (ebd., S. 163). Indem er die Universalisierbarkeit jedoch nur fundamentalen Menschenrechten zugesteht, nähert er sich einer Position an, die die Begründbarkeit universalistischer Normen prinzipiell in Frage stellt, nämlich dem Relativismus.

(ad b) Die Gegenposition zu universalistischen Normbegründungstheorien, wie sie von Naturrechts- und Vertragstheoretiker vertreten werden, ist der Relativismus. Ihm zufolge übersieht die Idee universal gültiger Menschenrechte die Partikularität ihres westlichen Entstehungskontextes und setzt sich damit dem Vorwurf des Ethnozentrismus aus; Menschenrechte als universal zu deklarieren, könne sogar als neue Form des europäischen Imperialismus verstanden werden. Die relativistische Position ist im 20. Jahrhundert vor allem in zwei Diskussionszusammenhängen vertreten worden: in den Sozialwissenschaften, und dort insbesondere in der Ethnologie, sowie im so genannten Kommunitarismus, einer in den achtziger Jahren entstanden philosophischen Gegenbewegung gegen Rawls' liberale Gerechtigkeitstheorie.[1] Sie ist gekennzeichnet durch drei Argumente, die immer wieder gegen universalistische Geltungsansprüche ins Feld geführt worden sind.

Das erste Argument ist empirischer Art und besagt schlicht, dass der Inhalt moralischer Normen von Kultur zu Kultur variiert (**deskriptiver Relativismus**). Vor allem die Ethnologie hat

---

1 Zu den prominentesten Vertretern des Kommunitarismus, der durchaus heterogene Positionen umfasst, gehören Alasdair MacIntyre, Michael Sandel, Charles Taylor und Michael Walzer; vgl. insgesamt Honneth 1993. Einige Kritikpunkte des Kommunitarismus hat Rawls in seinen späteren Arbeiten selbst aufgegriffen; vgl. Rawls 2002, S. 165 ff. sowie in Honneth 1993, S. 36–67.

seit ihrer Entstehung aus dem Geist der Romantik im 19. Jahrhundert die Vielfalt kultureller Wertvorstellungen, moralischer Prinzipien und rechtlicher Regelungen betont und gegenüber universalistischen Konzeptionen auf die partikulare Gestalt der praktischen Vernunft aufmerksam gemacht. Aus dieser Sicht erscheinen auch die Menschenrechte aufgrund ihrer Entstehung aus der europäischen Ideen- und Sozialgeschichte als partikulares, auf andere Kulturen schwer übertragbares Set moralischer und juridischer Normen. Dieses Argument wird in einer radikalen und einer gemäßigten Variante vorgetragen. In seiner radikaleren Variante betrifft es die Idee der Menschenrechte als solche; da von allen Kulturen geteilte Werte nicht feststellbar seien, sei der universalistische Geltungsanspruch der Menschenrechte schlichtweg nicht begründbar (Schwab/Pollis 1979). In seiner gemäßigten Variante besagt es, dass die konkreten Formulierungen der Menschenrechte zwar westlich geprägt seien, dass es kulturübergreifende Grundwerte aber durchaus gebe. Es wird also zwischen abgeleiteten und fundamentalen Menschenrechten unterschieden; nur letztere könnten universale Geltung beanspruchen, und zwar dann, wenn sie sich empirisch als minimaler Wertekonsens zwischen den Kulturen nachweisen ließen (so Renteln 1990, S. 12 und S. 61–87).

Das zweite Argument ist epistemologischer Art und geht über den deskriptiven Relativismus hinaus. Den Naturrechts- und Vertragstheorien wird hier entgegengehalten, dass keine allgemeingültige rationale Methode der Bewertung unterschiedlicher Kulturen existiere und moralische wie rechtliche Normen daher nur aus ihrem kulturellen Kontext heraus verstanden und begründet werden könnten (**metaethischer Relativismus**). Im Kommunitarismus wird dieses Argument als Kritik am Liberalismus vorgetragen. Die Vorstellung eines unsituierten Selbst, wie Rawls sie für den Urzustand voraussetzt, sei unrealistisch, da Individuen immer in Gemeinschaften hineingeboren und in ihnen sozialisiert würden. Normative Urteile träfen Individuen nicht hinter einem »Schleier des Unwissens«, sondern in konkreten sozialen Situationen. Entsprechend sei Rawls' Begründung universalistischer Normen nicht stichhaltig, vielmehr könnten Normen nur aus der Binnenperspektive einer partikularen Gemeinschaft heraus begründet werden. Dies gelte auch für Menschenrechte; bei diesen abstrakten Ideen handle es sich lediglich, wie einige Vertreter des Kommunitarismus ganz auf der Burkeschen Linie meinen, um »Fiktionen« (MacIntyre 1981, S. 69). In der Kulturanthropologie findet man ähnliche Argumente; das Faktum der kulturellen Vielfalt der Menschheit zeige, dass es keine Maßstäbe gebe, unterschiedliche Kulturen zu bewerten, und dass universalistische Normen daher immer dem Vorwurf des Ethnozentrismus ausgesetzt seien (vgl. Herskovits 1947, S. 542).

Schließlich wird häufig noch ein drittes, normatives Argument angeführt, nach welchem die Vielfalt der Kulturen ein eigener Wert und daher zu fördern sei (**normativer Relativismus**). Genau dies war die zentrale Forderung der *American Anthropological Association*. Da das Individuum seine Persönlichkeit nicht in einer abstrakten Menschheit, sondern nur im Rahmen seiner eigenen Kultur verwirklichen könne, müsse die Achtung von Menschenrechten auch den Respekt kultureller Verschiedenheiten umfassen (Herskovits 1947, S. 543). Die hier anklingende Kritik am Individualismus der Menschenrechte findet sich, in der Nachfolge der Hegelschen Kant-Kritik, auch im Kommunitarismus. Der individualistische Charakter der Menschenrechte unterminiere die sozialen Grundlagen politischer Gemeinschaft, da diese primär auf gemeinsamen Vorstellungen des Guten und den darauf gerichteten Tugenden basiere. Der Menschenrechtsdiskurs wie überhaupt die Sprache der Rechte sei Ausdruck eines Verfalls von Sittlichkeit und Gemeinschaft.

Die genannten Argumente, das ist zu unterstreichen, bringen eine durchaus emanzipatorische Intuition zum Ausdruck, die mittlerweile auch Eingang in internationale Menschenrechtskataloge gefunden hat, nämlich dass Menschen ein Recht auf die Achtung ihrer kulturellen Identität besitzen.[2] Die fachübergreifende Diskussion hat allerdings auch gezeigt, dass die drei Argumente des Relativismus bis zu einem gewissen Grade widersprüchlich sind (vgl. Abou 1995; Booth in Dunne/Wheeler 1999, S. 31–70; Donnelly 1989, S. 109–124; Vincent 1986, S. 37–57). Aus dem deskriptiven Relativismus folgt nicht notwendigerweise, dass universal gültige moralische Urteile unmöglich sind, wie es der metaethische Relativismus postuliert. Dass die Todesstrafe in manchen Ländern befürwortet wird, lässt nicht darauf schließen, dass man diese Praxis einfach akzeptieren und sich eines Urteils, wie es beispielsweise das zweite Fakultativprotokoll zum Zivilpakt enthält, enthalten müsste. So zu argumentieren, wäre ein typisches Beispiel für den »naturalistischen Fehlschluss«, also die Folgerung vom Sein auf das Sollen. Der metaethische Relativismus steht überdies in direktem logischem Widerspruch zum normativen; wenn sich moralische Normen nicht allgemein begründen lassen, gibt es auch keine überzeugenden Gründe, warum kulturelle Vielfalt respektiert werden sollte.

Aber nicht nur aufgrund dieser Inkonsistenzen, sondern auch aus anderen Gründen kann die Position des radikalen Relativismus nicht vollständig überzeugen. Sind die Naturrechtstheorien in ihren Annahmen über die Natur des Menschen essenzialistisch, so ist es der Relativismus in seiner Konzeption kultureller Gemeinschaften. Kulturen werden gewissermaßen als Einheiten betrachtet, die ihrem Wesen nach gegeneinander abgeschlossen sind und in denen das Individuum gefangen ist. Traditionelle Praktiken, die immer auch mit Herrschaftsverhältnissen verwoben sind, werden dadurch jeglicher Kritik ent-

---

2 Vgl. dazu etwa die *Declaration on Cultural Diversity*, UNESCO Doc. 31C/Res/25 (2. November 2001).

hoben. Die Idee der Menschenrechte, das zeigt gerade die europäische Ideen- und Sozialgeschichte, hat dagegen eine nicht nur herrschafts-, sondern immer auch kulturkritische Stoßrichtung (vgl. Bielefeldt 1998, S. 18). Dass Menschenrechte traditionelle Praktiken auch in anderen Kulturen einem Veränderungsdruck unterwerfen, ist kein Argument *gegen*, sondern *für* ihre universale Geltung. Der Essenzialismus und Traditionalismus, der für die relativistische Position charakteristisch ist, läuft Gefahr, den gemeinsamen Horizont der einen Menschheit aufzugeben, dadurch in Gleichgültigkeit gegenüber dem Schicksal von Menschen anderer Herkunft umzuschlagen (vgl. Abou 1995, S. 33).

(ad c) Anlässlich der genannten Probleme versuchen neuere Beiträge im philosophischen Menschenrechtsdiskurs, die Begründungsfrage aus erkenntnistheoretischen Gründen gewissermaßen einzuklammern. Sie folgen dabei oftmals der so genannten linguistischen Wende in der Philosophie, nach der normative Urteile weder in Gott noch in der objektiven Natur oder dem subjektiven Bewusstsein, sondern in der intersubjektiven Sprachpraxis zu verankern sind.

Vom relativistischen oder kommunitaristischen Pol der Kontroverse ausgehend wird eine solche Position vom amerikanischen Philosophen Richard Rorty entwickelt, der in seinem Essay *Menschenrechte, Rationalität und Gefühl* (in Shute/Hurley 1996, S. 144–170; vgl. auch Brown in Dunne/Wheeler 1999, S. 103–137) die Begründungsfrage für obsolet erklärt. Universalistische Normen in der Natur oder der Vernunft des Menschen zu begründen, sei nicht nur unmöglich, sondern auch unnötig. Zumeist nämlich basierten Menschenrechtsverletzungen nicht auf Annahmen über die Ungleichheit von Menschen, sondern auf Unterscheidungen, durch die anderen ihr Menschsein als solches abgesprochen würde, wie beispielsweise die Gegensätze von Mensch/Tier, Erwachsene/Kinder oder Mann/Frau (ebd., S. 146). Hinfällig sei die Begründungsfrage auch insofern, als die Menschenrechtskultur nach dem Zweiten Weltkrieg nicht Folge der Rationalisierung des moralischen Wissens, sondern einer Vertiefung solidarischer Gefühle sei, die durch relativ hohe politische und ökonomische Sicherheit ermöglicht wurde. Menschenrechte verweisen aus dieser Sicht auf ein »Wir«, dessen Solidaritätsformen jedoch nicht essenzialistisch geschlossen, sondern erweiterbar sind. Aufgabe der Philosophie sei es, »unserer eigenen Kultur – der Menschenrechtskultur – mehr Selbstbewusstsein zu geben und sie zu stärken, statt ihre Überlegenheit gegenüber anderen Kulturen durch den Verweis auf kulturübergreifende Faktoren zu demonstrieren« (ebd., S. 149). Die (westliche) Menschenrechtskultur auf die gesamte Welt auszudehnen, erfordere also nicht die Begründung universaler Normen, sondern eine Erziehung der Gefühle, etwa durch das Erzählen konkreter Erfahrungen von Missachtung, anhand derer man lernen könne, Unterschiede zwischen Menschen für moralisch nicht bedeutsam zu halten (ebd., S. 160).

Das pragmatische Offenhalten der Begründungsfrage ist ein hilfreicher Schritt auf dem Weg zur Überwindung der klassischen Universalismus/Relativismus-Kontroverse. Ganz zu Recht betont Rorty auch, dass Geschichten der Missachtung zur Anerkennung von Menschenrechten motivieren können – die Präambel der *Allgemeinen Erklärung der Menschenrechte* mit ihren Verweisen auf Krieg, Totalitarismus und Völkermord (vgl. 3.1.1.) ist dafür ein Beispiel unter vielen. Rortys **postmoderner** oder **pragmatischer Relativismus** bleibt aber gleichwohl unbefriedigend. Er stellt keinerlei kritische Maßstäbe zur Konkretisierung des Gehalts von Menschenrechten bereit und ignoriert, dass die Menschenrechtskultur längst nicht mehr auf »unsere« liberalen Gesellschaften im Westen beschränkt, sondern weltgesellschaftlich verankert ist (vgl. Booth in Dunne/Wheeler 1999).

(ad d) Andere sprachphilosophische Ansätze halten dagegen

am Universalismus der Menschenrechte fest, insbesondere die **Diskurstheorie** des deutschen Philosophen Jürgen Habermas. Nach ihr ist die Legitimität einer Norm nicht, wie bei Kant, in einem Gedankenexperiment des vernünftigen Subjekts, sondern in einem Verfahren intersubjektiver Verständigung begründet. Handlungsnormen dürfen Geltung für sich beanspruchen, wenn ihnen alle Betroffenen in einem »rationalen«, das heißt einem offenen und herrschaftsfreien Diskurs haben zustimmen können (Habermas 1992, S. 138). Mit Blick auf moralische Normen konkretisiert Habermas dieses »Diskursprinzip« als Grundsatz der Universalisierbarkeit, mit Blick auf rechtsförmige Normen, deren Befolgung notfalls mit Zwang durchsetzbar ist, als »Demokratieprinzip« (ebd., S. 141). Dieses Demokratieprinzip legt die Verfahrensregeln legitimer Rechtssetzung fest, zu denen grundlegend die wechselseitige Anerkennung subjektiver Rechte gehört (ebd., S. 155 ff.). Menschenrechte sind damit weder, wie im Liberalismus, als vorpolitische Freiheitsrechte dem positiven Recht übergeordnet, noch, wie im Republikanismus, der demokratischen Selbstgesetzgebung gleicher Staatsbürger untergeordnet. Vielmehr sind Menschenrechte und Volkssouveränität *gleichursprüngliche* Fundamentalnormen des Rechts, weil sie gemeinsam die Bedingungen der kommunikativen Erzeugung legitimen positiven Rechts institutionalisieren. Diesem Rechtsbegriff entspricht die Konzeption einer deliberativen Demokratie, nach der die Öffentlichkeit politischer Kommunikation die Legitimität positiven Rechts gewährleistet.

Diese diskurstheoretische Konzeption trägt den Einwänden von Relativismus und Kommunitarismus insofern Rechnung, als sie den universalen Geltungsanspruch der Menschenrechte nicht a priori begründet, sondern ihn auf die spezifischen gesellschaftlichen Bedingungen der Moderne bezieht. Die Bürokratisierung staatlicher Herrschaft, die Entwicklung eines kapitalistischen Wirtschaftssystems und die Pluralisierung kultureller Werte, so das Argument, hätten dazu geführt, dass die Abstimmung einzelner Interessen und die Erzeugung sozialer Solidarität nicht mehr durch ein gemeinsames Ethos, sondern durch das abstrakte Medium des Rechts zu gewährleisten sei. Der universalistische Rechtsbegriff ist also zunächst eine Antwort auf die partikularen historischen Herausforderungen in der europäischen Moderne. Insoweit andere Kulturen aufgrund wirtschaftlicher, politischer und kultureller Globalisierung heute vor ähnlichen Herausforderungen stünden, könne die Idee der Menschenrechte auch für sie Geltung beanspruchen (Habermas in Brunkhorst/Köhler/Lutz-Bachmann 1999, S. 219).

Die diskurstheoretische Konzeption bleibt jedoch noch starken, vernunftrechtlichen Begründungsfiguren verpflichtet, sofern sie das Diskursprinzip auf die in der Sprache selbst verankerte kommunikative Vernunft zurückführt. Auch mit Blick auf die institutionelle Form der Verbindung von Menschenrechten und Volkssouveränität hat Habermas, ähnlich wie Rawls, noch primär den nationalen Verfassungsstaat und die Institution nationaler Staatsbürgerschaft im Blick. Zwar weisen für ihn die Menschenrechte ihrem Geltungssinn nach über den Nationalstaat hinaus und auf eine im Entstehen begriffene Weltbürgerschaft hin; legitim wäre ihre universale Geltung aber erst dann, wenn die Menschenrechte auch auf globaler Ebene in eine demokratische Rechtsordnung eingebettet wären – was gegenwärtig noch kaum absehbar ist (Habermas 1996, S. 222 sowie in Merkel 2000, S. 62; vgl. auch 3.4.).

Gerade die diskursethische Position deutet in die Richtung eines **pragmatischen Universalismus**. Danach wäre der Universalismus der Menschenrechte ein Korrelat der Entstehung weltgesellschaftlicher Ordnungen, der mit ihr verbundenen Unrechts- und Herrschaftserfahrungen und der daraus geborenen Wertbindungen. Vor allem Hans Joas (1997; 2005) hat in jüngster Zeit auf die Bedeutung konkreter Missachtungserfahrungen für die Bindung an Werte hingewiesen und die Universalisierung der Menschenrechtsidee auf die Erfahrung der Person als etwas Heiligem bezogen. Intersubjektiv kommunizierbar sind solche Wertbindungen in einem dialogischen Menschenrechtsdiskurs, der sowohl die Frage der inhaltlichen Konkretisierung als auch der Begründung von Menschenrechten offen hält. Gerade wenn man Menschenrechte als symbolische Form der politischen Artikulation von Freiheits- und Autonomieforderungen begreift (vgl. 4.1 (a)), muss ihr universalistischer Geltungssinn als unerreichbarer Horizont verstanden werden, der die Begrenztheit jeder ihrer konkreten Deutungen, auch die westliche, relativiert und der Kritik aussetzt. Die Bedeutungs- und Begründungsoffenheit der Menschenrechte macht sie trotz ihrer europäischen Herkunft zu einem Medium interkultureller Verständigung, das auch die Werte anderer Kulturen berücksichtigen kann.

4.3 Zur interkulturellen Übersetzbarkeit der Menschenrechte

Die bislang diskutierten Beiträge der Philosophie zum globalen Menschenrechtsdiskurs knüpfen weitgehend an europäische Traditionen des Nachdenkens über Würde und Rechte des Menschen an. Außerhalb des Westens stellen andere ideengeschichtliche Traditionen und sozialgeschichtliche Erfahrungen den Hintergrund für die Deutung der Menschenrechte dar. Dies zeigen bereits die regionalen Instrumente des internationalen Menschenrechtsschutzes (vgl. 3.1.4). So bringt die afrikanische *Banjul Charta der Menschenrechte und der Rechte der Völker* (1981) ein Rechtsverständnis zum Ausdruck, das neben Individualrechten gerade die kollektiven Rechte von Völkern – insbesondere die Rechte auf Selbstbestimmung und Entwicklung –

betont. Zur Begründung verweist die Präambel auf die »historischen Traditionen und Werte der afrikanischen Zivilisation« sowie auf die »Verpflichtung, die völlige Befreiung Afrikas zu erreichen«.[3]

Dass und wie die globale Menschenrechtskultur außerhalb des Westens angeeignet werden konnte, lässt sich begreifen, wenn man sich die zivilisatorischen Kontexte vor Augen führt, in denen sich der Durchbruch zur Moderne andernorts vollzogen hat (vgl. allgemein Eisenstadt 2000). Diese Kontexte sind von den bereits erwähnten Religionen der Achsenzeit geprägt (vgl. 2.1.). Ähnlich wie im europäischen Christentum wurde in ihnen eine Spannung zwischen transzendenter und weltlicher Ordnung formuliert, aufgrund derer politische Herrschaft und geltendes Recht im Lichte höherer normativer Prinzipien kritisiert werden konnten. Der emanzipatorische Gehalt der Idee der Menschenrechte war daher prinzipiell anschlussfähig. *Wie* die Menschenrechte dabei interpretiert wurden, hing indessen von der jeweiligen Ausprägung der achsenzeitlichen Spannung und der entsprechenden Rechtskultur ab.

(a) Im arabischen Raum und in Teilen Südostasiens prägte seit mehr als tausend Jahren der **Islam** die Sprache, in der über Recht und die Legitimität von Herrschaft reflektiert wurde (vgl. insgesamt Krämer 1999; Mayer 1991). Die Vorstellung eines höheren Rechts, das Maßstäbe für die Gestaltung weltlicher Ordnungen bereitstellt, ist ein zentrales Element der islamischen Tradition. Jenes höhere Recht wurde allerdings nicht aus der Natur oder der Vernunft, sondern streng theologisch hergeleitet und als göttliches Recht (*shari'a*) verstanden. Als seine primären Quellen gelten die göttliche Offenbarung im Koran, die Prophetentradition und der Konsens der islamischen Gemeinschaft, als seine wichtigsten Interpreten die islamischen Rechtsgelehrten (*ulema*). Sollte die *shari'a* ursprüng-

---

3 Deutsche Fassung zitiert nach Simma/Fastenrath 1998, S. 519–532.

lich in der politisch-religiösen Einheit einer islamischen Gemeinschaft (*umma*) realisiert werden, wurde sie nach dem Zerfall des abbasidischen Kalifats im 13. Jahrhundert und der politischen Fragmentierung der *umma* zu einem Gegengewicht oftmals despotischer Herrscher. Die Begrenzung von Herrschaft wurde institutionell durch Gerichte, Stiftungen und Orden, die politischer Kontrolle entzogen waren, vor allem aber durch die autonome Stellung der *ulema* als Träger des Islam gewährleistet.

Neben diesem Rechtsverständnis bieten auch andere Elemente der islamischen Tradition Anknüpfungspunkte für den modernen Menschenrechtsdiskurs. Dem strengen Monotheismus des Islam entspringen durchaus universalistische Gleichheitsnormen; aufgrund des Schöpfungsgedankens und der Idee einer universalen menschlichen *umma* gelten (vor Gott) alle Menschen als gleich. Der Wert der Menschenwürde wird in der koranischen Konzeption des Menschen als Treuhänder Gottes auf Erden zum Ausdruck gebracht. Die Idee demokratischer Volkssouveränität kann an das Prinzip der Konsultation (*schura*) innerhalb der islamischen Gemeinschaft anknüpfen. Und was Religionsfreiheit angeht, blickt der Islam auf eine lange Tradition der Toleranz zurück, in der jüdische und christliche Minderheiten den Status von Schutzbürgern (*dhimmis*) genossen und im Rahmen pluralistischer Rechtssysteme, wie beispielsweise dem *millet*-System im Osmanischen Reich, über religiöse und rechtliche Autonomie verfügten.

Andere Traditionselemente erschweren dagegen die Aneignung der Menschenrechte. Die Ungleichbehandlung von Mann und Frau im Privat- und Erbrecht gehört ebenso dazu wie das Verbot der Apostasie, nach dem der Abfall vom Islam strafrechtlich sanktioniert werden kann. Vor allem aber widerspricht die Idee absoluter Menschenrechte, gerade in ihrer vertragstheoretischen Begründung, der Annahme eines göttlichen Ursprungs des Rechts und dem daraus abgeleiteten Vorrang von Pflichten des Menschen gegenüber Gott und der Gemeinschaft.

Die gegenwärtige Bezugnahme auf diese Traditionselemente ist nun vor allem von den Erfahrungen europäischer Kolonialherrschaft und der Gründung unabhängiger Nationalstaaten im 20. Jahrhundert geprägt. Diese waren von einer Bürokratisierung politischer Herrschaft begleitet, in deren Folge die *ulema*, aber auch andere »zivilgesellschaftliche« Institutionen in den modernen Staatsapparat teils eingegliedert, teils von ihm verdrängt, in jedem Fall aber ihrer autonomen Stellung enthoben wurden. Gegenüber den dadurch in der Region entstandenen autoritären Regierungen bietet der Menschenrechtsdiskurs neue Möglichkeiten der Herrschaftskritik, die allerdings in die Sprache der islamischen Tradition übersetzt werden.

Drei Positionen haben sich dabei herausgebildet. Eine erste Position, die bereits von den republikanischen, nationalistischen und sozialistischen Intellektuellen der vierziger und fünfziger Jahre vertreten wurde, sieht den einzig gangbaren Weg politischer Modernisierung darin, sich von vermeintlich rückständigen islamischen Traditionen abzukehren und die westlichen Institutionen von Rechtsstaatlichkeit, Menschenrechten und Demokratie zu übernehmen. Demgegenüber verweigert eine zweite, traditionalistische Position, wie sie von konservativen Rechtsgelehrten formuliert wurde, die Übernahme von Menschenrechten und Demokratie als neue Form eines westlichen Kolonialismus und fordert die Wiederbelebung islamischer Tradition. Während der Verhandlungen zur *Allgemeinen Erklärung der Menschenrechte* machte sich Saudi-Arabien diese Position zu Eigen; vor allem das Recht auf Religionswechsel und das Recht auf die freie Wahl des Ehepartners wurden als Widerspruch zur *shari'a* gesehen (vgl. Morsink 1999, S. 24f.). Die gegenwärtige Kontroverse ist indessen von einer dritten, reformistischen Position bestimmt, die Menschenrechte und Demokratie mit islamischen Traditionen zu verbinden versucht.

Diese Reformversuche treten allerdings in durchaus gegensätzlichen Varianten auf. Die islamistische Variante geht auf soziale Bewegungen wie die ägyptische Muslimbruderschaft oder die pakistanische Islamische Gemeinschaft zurück, die sich gegen die autokratischen Herrschaftsformen der postkolonialen Epoche richteten. In ihr versuchte man, die europäische Deutung der Menschenrechte durch Islamisierung zu überbieten, indem man Menschenrechte direkt aus der *shari'a* herleitete und ihnen damit einen eigenen Gehalt gab. So betont die 1981 vom Islamrat für Europa, einer NGO mit Sitz in London, verfasste *Universal Islamic Declaration of Human Rights* den islamischen Ursprung der Menschenrechte und listet neben den Rechten auf Leben, Freiheit und Gleichheit eine Reihe politischer, wirtschaftlicher und sozialer Rechte auf, denen gleichzeitig Pflichten gegenüber der Gemeinschaft korrespondieren (vgl. kritisch Krämer 1999, S. 151; Mayer 1991, S. 86). Die 1990 von den Außenministern der Islamischen Konferenz verabschiedete *Cairo Declaration on Human Rights in Islam*, die auch in der Präambel der Arabischen Charta der Menschenrechte zitiert wird (vgl. 3.1.4.), hält in den Artikeln 24 und 25 sogar explizit fest, dass alle Rechte und Freiheiten des Individuums letztlich der islamischen *shari'a* unterstehen. Wenngleich man angesichts neuer gesellschaftlicher Bedingungen die Notwendigkeit einer Rechtsfortbildung (*ijtihad*) zugesteht, wird die *shari'a* als normativer Bezugsrahmen für die Deutung der Menschenrechte beibehalten.

In der revisionistischen Variante islamischer Rechtsreform, die einige, zumeist im Westen lebende Intellektuelle vertreten, wird dies ausdrücklich kritisiert. Die *shari'a* wird hier eher als ein Ethos oder als Symbol der göttlichen Ordnung gesehen, das von positiv geltendem islamischem Recht (*fiqh*) zu unterscheiden ist (vgl. Krämer 1999, S. 51). Da letzteres nicht göttlich, sondern von Menschen gemacht sei, könnten und müssten seine Rechtsnormen den jeweiligen historischen Umständen angepasst werden. Der sudanesische Rechtsgelehrte Abdullahi An-Na'im geht noch einen Schritt weiter, indem er nicht nur die *shari'a*, sondern auch den Koran einer historischen Kritik unterzieht. Im Anschluss an die rationalistische Tradition islamischer Philosophie versucht er, einen universalistischen Kern des Korans freizulegen, der Kritik an der *shari'a* und die Aneignung von Menschenrechten und Demokratie ermöglicht (An-Na'im 1990). Ähnlich sieht der in den USA lehrende Jurist Khaled Abou El Fadl (2004) in Demokratie und Menschenrechten eine den gesellschaftlichen Bedingungen der Moderne adäquate Deutung des Gerechtigkeitsbegriffs im Koran.

Insgesamt wird also deutlich, dass der globale Menschenrechtsdiskurs im islamischen Kontext in vielfältiger Weise rezipiert wird. Gerade die Proteste transnational vernetzter arabischer NGOs gegen repressive Regierungen, insbesondere in Marokko und Tunesien, zeigen, dass Menschenrechte durchaus in der Sprache der islamischen Tradition angeeignet werden können (vgl. Gränzer in Risse/Ropp/Sikkink 1999, S. 109–133). Tatsächlich verfügt heute nicht nur die laizistische Türkei, sondern die Mehrzahl islamischer Staaten formell über Verfassungen, in denen der Status der Staatsbürgerschaft von Religionszugehörigkeit getrennt und allenfalls das Privat- und Erbrecht noch der *shari'a* unterstellt ist. Ob und in welchen Formen Menschenrechte und Demokratie auch in der politischen Praxis in islamisch geprägten Gesellschaften verankert werden, bleibt indessen abzuwarten.

(b) Im ostasiatischen Raum ist es die konfuzianische Tradition, in deren Horizont Menschenrechte gedeutet werden (vgl. Hsiung 1985; de Bary 1999). Im **Konfuzianismus** wurde die transzendente Ordnung nicht in Kategorien eines personalen Gottesbegriffs, sondern als Abstraktum (»Himmel«) gefasst. Dem Erhalt der himmlischen Ordnung dienen auch die von konfuzianischen Klassikern aufgestellten Regeln für soziale

Beziehungen.[4] Weltliche Ordnungen wurden also durchaus an einer höheren Rechtsidee (*li*) orientiert, die aber eher den Charakter eines Ethos des rechten Wegs (*dao*) und ritueller Pflichten hatte und der daher der Begriff individueller Rechte fremd war; er wurde erst Ende des 19. Jahrhunderts aus den europäischen Sprachen übersetzt.[5] Dennoch gab es durch die Festlegung wechselseitiger Pflichten von Herrschern und Beherrschten und die Rechenschaftspflicht des Kaisers gegenüber dem Mandat des Himmels Legitimationskriterien für politische Herrschaft, aus denen mitunter auch ein Widerstandsrecht gegen Tyrannei abgeleitet werden konnte. Neben dieser klassisch-konfuzianischen Tradition bildete sich aber auch eine Tradition des Legalismus aus, die den Rechtsbegriff auf positiv geltendes Recht (*fa*) beschränkte und dem Kaiser uneingeschränkte Herrschaftsbefugnisse zubilligte.

Auch in Ostasien fanden infolge der Entstehung moderner Nationalstaaten im 20. Jahrhundert Vorstellungen von Menschenrechten und Demokratie Eingang in die öffentlichen Diskurse. Die nationale Unabhängigkeitsbewegung in China beispielsweise, die bis zur Machtübernahme Maos 1949 die Regierung stellte, war für bürgerliche und politische Rechte durchaus aufgeschlossen, wenngleich sie sie, wie die Kommentare der chinesischen Diplomaten zur *Allgemeinen Erklärung der Menschenrechte* zeigen (vgl. 3.1.2. (a)), durchaus auf eigene

---

4 Vor allem die berühmten fünf Regeln des Menzius sind hier zu nennen, nach denen zwischen Eltern und Kind Zuneigung, zwischen Herr und Knecht Gerechtigkeit, zwischen Mann und Frau Geschlechterdifferenz, zwischen Älterem und Jüngerem Respekt und zwischen Freunden Vertrauen herrschen soll; de Bary 1999, S. 17.
5 Im Chinesischen wurde dazu ein Neologismus geschaffen, der sich aus den beiden Schriftzeichen für »Macht« und »Interesse« zusammensetzt; vgl. Vincent 1986, S. 41.

konfuzianische Traditionen bezog. Unter maoistischer Herrschaft dagegen wurden, ähnlich wie seitens der Sowjetunion, wirtschaftliche und soziale Rechte in den Vordergrund gestellt, sofern man sich überhaupt am Menschenrechtsdiskurs beteiligte.

Die gegenwärtige Diskussionslage ist von Versuchen einiger asiatischer Staaten geprägt, angesichts des wirtschaftlichen Aufschwungs der Region die Eigenständigkeit »asiatischer Werte« zu betonen. In ihrer Erklärung über *Shared Values* (1991) beispielsweise machte die Regierung von Singapur gegenüber dem individualistischen Menschenrechtsverständnis des Westens die Gemeinschaftsorientierung des Konfuzianismus geltend. Ähnlich argumentierte die chinesische Regierung in ihrem Weißpapier *Menschenrechte in China* (1991): China sei ein Entwicklungsland mit begrenzten Ressourcen, in dem kollektive Rechte auf Entwicklung und Subsistenz Vorrang genössen und individuelle Rechte, die zu sozialen Unruhen führen könnten, zugunsten der Pflichten des Einzelnen gegenüber der Gemeinschaft einzuschränken seien. Mit diesem Argument und mit Verweis auf das völkerrechtliche Verbot der Einmischung in innere Angelegenheiten wies man westliche Vorwürfe wegen Menschenrechtsverletzungen in China zurück (vgl. Foot 2000, S. 150 ff.).

Menschenrechtsaktivisten asiatischer NGOs und einige asiatische Intellektuelle sehen darin jedoch eher eine Rückkehr zur legalistischen Tradition und versuchen, demgegenüber konfuzianische Traditionen in Richtung einer stärkeren Betonung von politischer Partizipation und individueller Freiheit weiterzuentwickeln. Der Konfuzianismus erlaube es dabei, Menschenrechte nicht vertragstheoretisch, sondern aus der vorgängigen Sozialität des Menschen zu begründen und daraus die Unteilbarkeit der Erst- und Zweitdimensionsrechte abzuleiten (Hsiung 1985, S. 22 ff.). Menschenrechte sind in dieser Sicht nicht nur mit dem Konfuzianismus kompatibel, sondern werden durch dessen kommunitäre Vorstellungen sogar bereichert (de Bary 1998, S. 16 und 156 f.).

(c) Die islamischen und die konfuzianischen Kontroversen zeigen, dass die Weltgesellschaft im Diskurs der Menschenrechte eine gemeinsame Sprache hat, deren universalistischer Geltungssinn Emanzipationsbewegungen stärkt und interkulturelle Verständigung ermöglicht. So stehen Menschenrechte, spätestens seit die arabischen und asiatischen Staaten auf der Wiener Menschenrechtskonferenz (1993), wenn auch aus taktischen Gründen, ihre Universalität anerkannt haben, auch dort verschiedensten Protestbewegungen als Repertoire für die Artikulation legitimer politischer Forderungen zur Verfügung. Gleichzeitig erfahren die weltgesellschaftlich institutionalisierten Menschenrechte im Prozess ihrer lokalen Aneignung aber spezifische Deutungen, die von den jeweiligen kulturellen Tiefengrammatiken geprägt sind. Die Globalisierung der Menschenrechtskultur bedeutet insofern keineswegs, wie oftmals unterstellt, eine »Verwestlichung« anderer Kulturen. Vielmehr führt sie zur Entwicklung verschiedener institutioneller Formen der Menschenrechte und ist damit ein Aspekt der »**Vielfalt der Moderne**«, wie sie in den gegenwärtigen Sozialwissenschaften diskutiert wird (vgl. Eisenstadt 2000).

Will man den globalen Menschenrechtsdiskurs dem Diskursprinzip gemäß so gestalten, dass alle Stimmen Gehör finden (Habermas in Brunkhorst/Köhler/Lutz-Bachmann 1999, S. 218), ist er als **interkultureller Menschenrechtsdiskurs** zu führen, bei dem *alle* Beteiligten sich gleichermaßen darauf einlassen, durch die Argumente anderer überzeugt zu werden. Nur unter diesen Bedingungen kann begründet gehofft werden, dass Menschenrechte sich zu einem »übergreifenden Konsens« zwischen den unterschiedlichen kulturellen Traditionen (Rawls 2002, S. 209 f.; vgl. auch Bielefeldt 1999, S. 145 ff.) oder zu einer »gemeinsamen Sprache der Menschheit« (Boutros Boutros-Ghali) entwickeln.

5 Ausblick – Zur Ambivalenz der Menschenrechte

Die Menschenrechte, so lässt sich bilanzieren, haben im 20. Jahrhundert einen enormen Bedeutungsgewinn erfahren. Die Begrenzungen, denen sie unter ihren historischen Entstehungsbedingungen in Europa und Nordamerika ausgesetzt waren (Kapitel 2), sind durch die Entwicklung neuer institutioneller Formen von Recht, Macht und Solidarität in der Weltgesellschaft ansatzweise überwunden worden (Kapitel 3). Der globale Menschenrechtsdiskurs ist dabei um neue Themen, neue Begründungsfiguren und neue kulturelle Deutungen erweitert worden (Kapitel 4).

Dass Menschenrechte rechtlich, politisch, gesellschaftlich und kulturell an Relevanz gewonnen haben, heißt aber selbstverständlich nicht, dass sie nicht weiterhin täglich verletzt würden. Im Gegenteil, ihr Geltungsanspruch speist sich gerade aus beständig neuen Herrschafts- und Unrechtserfahrungen. Im Kampf um Menschenrechte spiegelt sich die **Ambivalenz der Moderne** wider, ihr Doppelgesicht von Herrschaft und Freiheit, Disziplin und Autonomie. So wie in der europäischen Geschichte Menschenrechte »[...] gerade im Kampf gegen Unrechtserfahrungen in der modernen Gesellschaft entstanden sind und dabei zugleich ein Freiheitsethos politisch-rechtlich zur Geltung bringen, das in seiner universalen und emanzipatorischen Gestalt ebenfalls spezifisch modern ist« (Bielefeldt

1998, S. 28), so waren sie auch im 20. Jahrhundert eine Antwort auf Rassismus, Kolonialismus, Totalitarismus und vor allem auf die bürokratisch verwaltete Menschenvernichtung in KZs und Gulags.

Eine strukturelle Ursache für Menschenrechtsverletzungen in der Moderne ist die Durchsetzung von Staatlichkeit als beinahe alternativloser Form politischer Organisation. Bereits die Gründung neuer Staaten hat, wie man in Afrika bis heute sehen kann, oftmals Krieg, Völkermord und Gewalt nach sich gezogen. Auch die Stabilisierung staatlicher Herrschaftsordnungen war – trotz Ratifikation internationaler Menschenrechtskonventionen – in vielen asiatischen, arabischen und lateinamerikanischen Ländern von repressiven Maßnahmen begleitet. Und im Zeichen des »Kriegs gegen den Terror« setzen sich selbst westliche Demokratien gegenwärtig über die Achtung völkerrechtlich kodifizierter Menschenrechte hinweg; die Behandlung von Gefangenen im US-amerikanischen Militärgefängnis von Guantánamo, ein Verstoß gegen das humanitäre Völkerrecht, ist hier wohl der prominenteste Fall, es ließen sich aber viele andere Beispiele ergänzen, in denen grundlegende Freiheitsrechte im Namen der öffentlichen Sicherheit beschnitten werden, etwa die Anti-Terror-Gesetze in Großbritannien oder die restriktive Asylpolitik der EU.

Doch nicht nur der Aufstieg der Staatsgewalt ist eine strukturelle Ursache fortdauernder Menschenrechtsverletzungen, sondern umgekehrt auch ihr Zerfall. Gerade dort, wo der Staat, nach wie vor der primäre Adressat und Garant von Menschenrechten, in der Ausübung seiner Funktionen geschwächt wird, besteht die Gefahr, dass grundlegende Menschenrechte auf Leben, Freiheit und Subsistenz missachtet werden (vgl. Ignatieff 2002, S. 50). In jüngster Zeit ist dies vor allem im Zuge der Globalisierung des kapitalistischen Wirtschaftssystems zu beobachten (vgl. Galtung 1994, S. 215 ff); sie beeinträchtigt westliche Wohlfahrtsstaaten darin, soziale und ökonomische

Anspruchsrechte zu garantieren, trägt in peripheren Regionen der Welt zu Armut und Unterversorgung bei und befördert sogar eine Privatisierung von Gewalt. Es ist daher damit zu rechnen, dass auch in der Weltgesellschaft die Institutionalisierung der Menschenrechte im Spannungsfeld von Herrschaftserfahrung, Freiheitsforderung und Verrechtlichung nicht an Dynamik verlieren, sondern umkämpft bleiben wird.

In die Ambivalenz der Moderne sind die Menschenrechte aber in einem noch tieferen Sinne verstrickt. Sie *selbst* haben nämlich Anteil am Doppelcharakter von Herrschaft und Freiheit, Disziplin und Autonomie. Deutlich wird diese **Ambivalenz der Menschenrechte**, wenn man sich die Veränderungen vor Augen führt, welche die Moderne gegenüber den klassischen Zivilisationen der Achsenzeit bedeutete (vgl. dazu Eisenstadt 2000, S. 15 ff). Die achsenzeitliche Spannung zwischen transzendenter und weltlicher Ordnung, die in verschiedenen Kulturen den Hintergrund für die Kritisierbarkeit politischer Herrschaft und geltenden Rechts im Lichte höherer Prinzipien darstellte, wurde im revolutionären Durchbruch zur Moderne radikalisiert, da man die »Welt«, insbesondere die vorgefundene gesellschaftliche Wirklichkeit als gestaltbar wahrnahm. Dies hatte einerseits zur Folge, dass das Individuum gegenüber traditionellen Herrschaftsinstanzen neue Freiheiten gewann, es resultierte andererseits aber auch in kollektiven Projekten der Gesellschaftsgestaltung, die in zweckrationalen Formen von Herrschaft und Disziplin mündeten.

Bereits für das 19. Jahrhundert haben kritische Beobachter der Moderne, wie Max Weber (vgl. 2.2. (b)), auf paradoxe Folgen der Institutionalisierung von Menschenrechten in rationalisierten Herrschafts- und Rechtsordnungen hingewiesen. Nicht weniger muss auch die weltgesellschaftliche Institutionalisierung der Menschenrechte kritisch auf ihre freiheitsgefährdenden Aspekte hin geprüft werden (vgl. auch Bielefeldt 1998, S. 33; Ignatieff 2002, S. 45; Kennedy 2004, S. 3–35; de Sousa-

Santos 1997). Zunächst ist zu fragen, ob die rechtsförmige Institutionalisierung von Menschenrechten überhaupt angemessen ist, um Missachtungen der menschlichen Würde nicht nur im Nachhinein zu sanktionieren, sondern auch präventiv zu verhindern. Sodann ist zu überlegen, inwieweit die weltgesellschaftliche Institutionalisierung von Menschenrechten staatliche Gewalt gegenüber der eigenen Bevölkerung und anderen Staaten womöglich zu legitimieren hilft. Fälle wie Mexiko, wo die staatliche Regierung die Inhaftierung von Führern indigener Autonomiebewegungen mit Verweis auf den Schutz der Menschenrechte rechtfertigte (vgl. Asad 2003, S. 135f.), bieten ebenso Anlass für eine solche Überlegung wie die Kollateralschäden humanitärer Interventionen im Kosovo oder im Irak. Weiterhin ist in Erwägung zu ziehen, ob die von Staaten und Nichtregierungsorganisationen betriebene Menschenrechtspolitik nicht zur Verschärfung von Konflikten beiträgt, indem sie die Einforderung absoluter Rechte unterstützt und damit politische Verhandlungen und Kompromisse erschwert. Und schließlich ist in Betracht zu ziehen, dass der globale Menschenrechtsdiskurs Gefahr läuft, andere – religiöse, nationale, sozialistische – Sprachen der Emanzipation systematisch zu schwächen und damit Freiheits- und Autonomiebewegungen auf eine einzige dominante Form festzulegen.

Angesichts der Dominanz des globalen Menschenrechtsdiskurses sind derartige kritische Reflexionen über die Ambivalenz der Menschenrechte an der Zeit. Sie können dabei helfen, die symbolische Form der Menschenrechte (Lefort 1986, S. 272) offen zu halten – für neue Konkretisierungen, für verschiedene Begründungen, für interkulturelle Verständigung. Sie machen die Unabschließbarkeit der Institutionalisierung der Menschenrechte bewusst und tragen damit zur Erneuerung ihres emanzipatorischen Versprechens bei.

Anhang

Allgemeine Erklärung der Menschenrechte

(GA Resolution 217 A (III) vom 10. Dezember 1948)

Präambel

Da die Anerkennung der angeborenen Würde und der gleichen und unveräußerlichen Rechte aller Mitglieder der Gemeinschaft der Menschen die Grundlage von Freiheit, Gerechtigkeit und Frieden in der Welt bildet,

Da die Nichtanerkennung und Verachtung der Menschenrechte zu Akten der Barbarei geführt haben, die das Gewissen der Menschheit mit Empörung erfüllen, und da verkündet worden ist, dass einer Welt, in der die Menschen Rede- und Glaubensfreiheit und Freiheit von Furcht und Not genießen, das höchste Streben des Menschen gilt,

Da es notwendig ist, die Menschenrechte durch die Herrschaft des Rechtes zu schützen, damit der Mensch nicht gezwungen wird, als letztes Mittel zum Aufstand gegen Tyrannei und Unterdrückung zu greifen,

Da es notwendig ist, die Entwicklung freundschaftlicher Beziehungen zwischen den Nationen zu fördern,

Da die Völker der Vereinten Nationen in der Charta ihren Glauben an die grundlegenden Menschenrechte, an die Würde und den Wert der menschlichen Person und an die Gleichberechtigung von Mann und

Frau erneut bekräftigt und beschlossen haben, den sozialen Forschritt und bessere Lebensbedingungen in größerer Freiheit zu fördern,

Da die Mitgliedstaaten sich verpflichtet haben, in Zusammenarbeit mit den Vereinten Nationen auf die allgemeine Achtung und Einhaltung der Menschenrechte und Grundfreiheiten hinzuwirken,

Da ein gemeinsames Verständnis dieser Rechte und Freiheiten von größter Wichtigkeit für die volle Erfüllung dieser Verpflichtung ist,

verkündet die Generalversammlung

diese Allgemeine Erklärung der Menschenrechte als das von allen Völkern und Nationen zu erreichende gemeinsame Ideal, damit jeder einzelne und alle Organe der Gesellschaft sich diese Erklärung stets gegenwärtig halten und sich bemühen, durch Unterricht und Erziehung die Achtung vor diesen Rechten und Freiheiten zu fördern und durch fortschreitende nationale und internationale Maßnahmen ihre allgemeine und tatsächliche Anerkennung und Einhaltung durch die Bevölkerung der Mitgliedstaaten selbst wie auch durch die Bevölkerung der ihrer Hoheitsgewalt unterstehenden Gebiete zu gewährleisten.

Artikel 1

Alle Menschen sind frei und gleich an Würde und Rechten geboren. Sie sind mit Vernunft und Gewissen begabt und sollen einander im Geist der Brüderlichkeit begegnen.

Artikel 2

1. Jeder hat Anspruch auf die in dieser Erklärung verkündeten Rechte und Freiheiten ohne irgendeinen Unterschied, etwa nach Rasse, Hautfarbe, Geschlecht, Sprache, Religion, politischer oder sonstiger Überzeugung, nationaler oder sozialer Herkunft, Vermögen, Geburt oder sonstigem Stand.

2. Des weiteren darf kein Unterschied gemacht werden auf Grund der politischen, rechtlichen oder internationalen Stellung des Landes oder Gebiets, dem eine Person angehört, gleichgültig ob dieses unabhängig ist, unter Treuhandschaft steht, keine Selbstregierung besitzt oder sonst in seiner Souveränität eingeschränkt ist.

Artikel 3

Jeder hat das Recht auf Leben, Freiheit und Sicherheit der Person.

Artikel 4

Niemand darf in Sklaverei oder Leibeigenschaft gehalten werden; Sklaverei und Sklavenhandel sind in allen ihren Formen verboten.

Artikel 5

Niemand darf der Folter oder grausamer, unmenschlicher oder erniedrigender Behandlung oder Strafe unterworfen werden.

Artikel 6

Jeder hat das Recht, überall als rechtsfähig anerkannt zu werden.

Artikel 7

Alle Menschen sind vor dem Gesetz gleich und haben ohne Unterschied Anspruch auf gleichen Schutz durch das Gesetz. Alle haben Anspruch auf gleichen Schutz gegen jede Diskriminierung, die gegen diese Erklärung verstößt, und gegen jede Aufhetzung zu einer derartigen Diskriminierung.

Artikel 8

Jeder hat Anspruch auf einen wirksamen Rechtsbehelf bei den zuständigen innerstaatlichen Gerichten gegen Handlungen, durch die seine ihm nach der Verfassung oder nach dem Gesetz zustehenden Grundrechte verletzt werden.

Artikel 9

Niemand darf willkürlich festgenommen, in Haft gehalten oder des Landes verwiesen werden.

Artikel 10

Jeder hat bei der Feststellung seiner Rechte und Pflichten sowie bei einer gegen ihn erhobenen strafrechtlichen Beschuldigung in voller

Gleichheit Anspruch auf ein gerechtes und öffentliches Verfahren vor einem unabhängigen und unparteiischen Gericht.

Artikel 11

1. Jeder, der wegen einer strafbaren Handlung beschuldigt wird, hat das Recht, als unschuldig zu gelten, solange seine Schuld nicht in einem öffentlichen Verfahren, in dem er alle für seine Verteidigung notwendigen Garantien gehabt hat, gemäß dem Gesetz nachgewiesen ist.

2. Niemand darf wegen einer Handlung oder Unterlassung verurteilt werden, die zur Zeit ihrer Begehung nach innerstaatlichem oder internationalem Recht nicht strafbar war. Ebenso darf keine schwerere Strafe als die zum Zeitpunkt der Begehung der strafbaren Handlung angedrohte Strafe verhängt werden.

Artikel 12

Niemand darf willkürlichen Eingriffen in sein Privatleben, seine Familie, seine Wohnung und seinen Schriftverkehr oder Beeinträchtigungen seiner Ehre und seines Rufes ausgesetzt werden. Jeder hat Anspruch auf rechtlichen Schutz gegen solche Eingriffe oder Beeinträchtigungen.

Artikel 13

1. Jeder hat das Recht, sich innerhalb eines Staates frei zu bewegen und seinen Aufenthaltsort frei zu wählen.

2. Jeder hat das Recht, jedes Land, einschließlich seines eigenen, zu verlassen und in sein Land zurückzukehren.

Artikel 14

1. Jeder hat das Recht, in anderen Ländern vor Verfolgung Asyl zu suchen und zu genießen.

2. Dieses Recht kann nicht in Anspruch genommen werden im Falle einer Strafverfolgung, die tatsächlich auf Grund von Verbrechen nichtpolitischer Art oder auf Grund von Handlungen erfolgt, die gegen die Ziele und Grundsätze der Vereinten Nationen verstoßen.

Artikel 15

1. Jeder hat das Recht auf eine Staatsangehörigkeit.

2. Niemandem darf seine Staatsangehörigkeit willkürlich entzogen noch das Recht versagt werden, seine Staatsangehörigkeit zu wechseln.

Artikel 16

1. Heiratsfähige Frauen und Männer haben ohne Beschränkung auf Grund der Rasse, der Staatsangehörigkeit oder der Religion das Recht zu heiraten und eine Familie zu gründen. Sie haben bei der Eheschließung, während der Ehe und bei deren Auflösung gleiche Rechte.

2. Eine Ehe darf nur bei freier und uneingeschränkter Willenseinigung der künftigen Ehegatten geschlossen werden.

3. Die Familie ist die natürliche Grundeinheit der Gesellschaft und hat Anspruch auf Schutz durch Gesellschaft und Staat.

Artikel 17

1. Jeder hat das Recht, sowohl allein als auch in Gemeinschaft mit anderen Eigentum innezuhaben.

2. Niemand darf willkürlich seines Eigentums beraubt werden.

Artikel 18

Jeder hat das Recht auf Gedanken-, Gewissens- und Religionsfreiheit; dieses Recht schließt die Freiheit ein, seine Religion oder Überzeugung zu wechseln, sowie die Freiheit, seine Religion oder Weltanschauung allein oder in Gemeinschaft mit anderen, öffentlich oder privat durch Lehre, Ausübung, Gottesdienst und Kulthandlungen zu bekennen.

Artikel 19

Jeder hat das Recht auf Meinungsfreiheit und freie Meinungsäußerung; dieses Recht schließt die Freiheit ein, Meinungen ungehindert anzuhängen sowie über Medien jeder Art und ohne Rücksicht auf Grenzen Informationen und Gedankengut zu suchen, zu empfangen und zu verbreiten.

Artikel 20

1. Alle Menschen haben das Recht, sich friedlich zu versammeln und zu Vereinigungen zusammenzuschließen.

2. Niemand darf gezwungen werden, einer Vereinigung anzugehören.

Artikel 21

1. Jeder hat das Recht, an der Gestaltung der öffentlichen Angelegenheiten seines Landes unmittelbar oder durch frei gewählte Vertreter mitzuwirken.

2. Jeder hat das Recht auf gleichen Zugang zu öffentlichen Ämtern in seinem Lande.

3. Der Wille des Volkes bildet die Grundlage für die Autorität der öffentlichen Gewalt; dieser Wille muss durch regelmäßige, unverfälschte, allgemeine und gleiche Wahlen mit geheimer Stimmabgabe oder in einem gleichwertigen freien Wahlverfahren zum Ausdruck kommen.

Artikel 22

Jeder hat als Mitglied der Gesellschaft das Recht auf soziale Sicherheit und Anspruch darauf, durch innerstaatliche Maßnahmen und internationale Zusammenarbeit sowie unter Berücksichtigung der Organisation und der Mittel jedes Staates in den Genuss der wirtschaftlichen, sozialen und kulturellen Rechte zu gelangen, die für seine Würde und die freie Entwicklung seiner Persönlichkeit unentbehrlich sind.

Artikel 23

1. Jeder hat das Recht auf Arbeit, auf freie Berufswahl, auf gerechte und befriedigende Arbeitsbedingungen sowie auf Schutz vor Arbeitslosigkeit.

2. Jeder, ohne Unterschied, hat das Recht auf gleichen Lohn für gleiche Arbeit.

3. Jeder, der arbeitet, hat das Recht auf gerechte und befriedigende Entlohnung, die ihm und seiner Familie eine der menschlichen Würde

entsprechende Existenz sichert, gegebenenfalls ergänzt durch andere soziale Schutzmaßnahmen.

4. Jeder hat das Recht, zum Schutz seiner Interessen Gewerkschaften zu bilden und solchen beizutreten.

Artikel 24

Jeder hat das Recht auf Erholung und Freizeit und insbesondere auf eine vernünftige Begrenzung der Arbeitszeit und regelmäßigen bezahlten Urlaub.

Artikel 25

1. Jeder hat das Recht auf einen Lebensstandard, der seine und seiner Familie Gesundheit und Wohl gewährleistet, einschließlich Nahrung, Kleidung, Wohnung, ärztliche Versorgung und notwendige soziale Leistungen gewährleistet sowie das Recht auf Sicherheit im Falle von Arbeitslosigkeit, Krankheit, Invalidität oder Verwitwung, im Alter sowie bei anderweitigem Verlust seiner Unterhaltsmittel durch unverschuldete Umstände.

2. Mütter und Kinder haben Anspruch auf besondere Fürsorge und Unterstützung. Alle Kinder, eheliche wie außereheliche, genießen den gleichen sozialen Schutz.

Artikel 26

1. Jeder hat das Recht auf Bildung. Die Bildung ist unentgeltlich, zum mindesten der Grundschulunterricht und die grundlegende Bildung. Der Grundschulunterricht ist obligatorisch. Fach- und Berufsschulunterricht müssen allgemein verfügbar gemacht werden, und der Hochschulunterricht muss allen gleichermaßen entsprechend ihren Fähigkeiten offenstehen.

2. Die Bildung muss auf die volle Entfaltung der menschlichen Persönlichkeit und auf die Stärkung der Achtung vor den Menschenrechten und Grundfreiheiten gerichtet sein. Sie muss zu Verständnis, Toleranz und Freundschaft zwischen allen Nationen und allen rassischen oder religiösen Gruppen beitragen und der Tätigkeit der Vereinten Nationen für die Wahrung des Friedens förderlich sein.

Allgemeine Erklärung der Menschenrechte

3. Die Eltern haben ein vorrangiges Recht, die Art der Bildung zu wählen, die ihren Kindern zuteil werden soll.

Artikel 27

1. Jeder hat das Recht, am kulturellen Leben der Gemeinschaft frei teilzunehmen, sich an den Künsten zu erfreuen und am wissenschaftlichen Fortschritt und dessen Errungenschaften teilzuhaben.

2. Jeder hat das Recht auf Schutz der geistigen und materiellen Interessen, die ihm als Urheber von Werken der Wissenschaft, Literatur oder Kunst erwachsen.

Artikel 28

Jeder hat Anspruch auf eine soziale und internationale Ordnung, in der die in dieser Erklärung verkündeten Rechte und Freiheiten voll verwirklicht werden können.

Artikel 29

1. Jeder hat Pflichten gegenüber der Gemeinschaft, in der allein die freie und volle Entfaltung seiner Persönlichkeit möglich ist.

2. Jeder ist bei der Ausübung seiner Rechte und Freiheiten nur den Beschränkungen unterworfen, die das Gesetz ausschließlich zu dem Zweck vorsieht, die Anerkennung und Achtung der Rechte und Freiheiten anderer zu sichern und den gerechten Anforderungen der Moral, der öffentlichen Ordnung und des allgemeinen Wohles in einer demokratischen Gesellschaft zu genügen.

3. Diese Rechte und Freiheiten dürfen in keinem Fall im Widerspruch zu den Zielen und Grundsätzen der Vereinten Nationen ausgeübt werden.

Artikel 30

Keine Bestimmung dieser Erklärung darf dahin ausgelegt werden, daß sie für einen Staat, eine Gruppe oder eine Person irgendein Recht begründet, eine Tätigkeit auszuüben oder eine Handlung zu begehen, welche die Beseitigung der in dieser Erklärung verkündeten Rechte und Freiheiten zum Ziel hat.

Abkürzungen

AA	Auswärtiges Amt
CAT	Committee Against Torture
	Convention Against Torture and Other Cruel, Inhuman or Degrading Treatment
CEDAW	Committee on the Elimination of Discrimination Against Women
	Convention on the Elimination of All Forms of Discrimination Against Women
CERD	Committee on the Elimination of Racial Discrimination
CESCR	Committee on Economic, Social and Cultural Rights
CHR	Commission on Human Rights
CMW	Committee on Migrant Workers
CRC	Committee on the Rights of the Child
	Convention on the Rights of the Child
ECOSOC	Economic and Social Council
EMRK	Europäische Menschenrechtskonvention
EU	Europäische Union
GA	General Assembly
GG	Grundgesetz der Bundesrepublik Deutschland
HRC	Human Rights Committee
ICC	International Criminal Court
ICCPR	International Covenant on Civil and Political Rights
ICERD	International Covenant on the Elimination of All Forms of Racial Discrimination
ICESCR	International Covenant on Economic, Social and Cultural Rights

ICJ	International Court of Justice
ICRMW	International Convention on the Rights of Migrant Workers and Their Families
ICTR	International Criminal Tribunal for Rwanda
ICTY	International Criminal Tribunal for the Former Yugoslavia
ILO	International Labour Organization
KSZE	Konferenz über Sicherheit und Zusammenarbeit in Europa
LNTS	League of Nations Treaties Series
NGO	Non-Governmental Organization
OAS	Organization of American States
OAU	Organization of African Unity
OP	Optional Protocol
OSZE	Organisation für Sicherheit und Zusammenarbeit in Europa
PCJ	Permanent Court of Justice
UDHR	Universal Declaration of Human Rights
UN	United Nations
UNESCO	United Nations Educational, Scientific and Cultural Organization
UNHCHR	United Nations High Commissioner on Human Rights
UNO	United Nations Organization
UNTS	United Nations Treaties Series
WTO	World Trade Organization

Glossar

Abwehrrechte (auch status negativus): Verfassungsrechtlich garantierte subjektive Rechte, die das Individuum vor willkürlichen Übergriffen der Staatsgewalt schützen, beispielsweise körperliche Unversehrtheit (*habeas corpus*), Religions- und Gewissensfreiheit, Redefreiheit.

Anspruchsrechte (auch status positivus): Verfassungsrechtlich garantierte subjektive Rechte, die den Staat zu Leistungen gegenüber dem Individuum verpflichten, beispielsweise das Recht auf Bildung oder das Recht auf einen angemessenen Lebensstandard.

Bürgerliche und politische Rechte (auch Menschenrechte der Ersten Generation oder Dimension): Gruppe von Abwehr- und Teilhaberechten, die völkerrechtlich in Artikel 1–21 der *Allgemeinen Erklärung der Menschenrechte* und im Zivilpakt (ICCPR) kodifiziert sind.

Fundamentale Menschenrechte: Bezeichnung für eine Gruppe subjektiver Rechte, die gegenüber anderen Menschenrechten Priorität genießen, weil sie der Erfüllung grundlegender menschlicher Bedürfnisse dienen, beispielsweise das Recht auf Leben oder auf Nahrung.

International Bill of Human Rights: Inoffizielle Bezeichnung für die *Allgemeine Erklärung der Menschenrechte* sowie die beiden Menschenrechtspakte von 1966, den Zivil- und den Sozialpakt.

Menschenrechtsausschuss: Aus unabhängigen Experten bestehendes Kontrollorgan zur Implementierung der im Zivilpakt (ICCPR) kodifizierten bürgerlichen und politischen Rechte.

Menschenrechtskommission: Aus diplomatischen Vertretern von derzeit 53 Staaten zusammengesetztes und jährlich in Genf beratendes politisches Gremium, das im Rahmen der Vereinten Nationen für die Förderung der Menschenrechte zuständig ist.

Menschenrechtsregime: Der Begriff des Regimes bezeichnet in der Theorie internationaler Beziehungen die Gesamtheit von Prinzipien, Normen, Regeln und Verfahren, die den zwischenstaatlichen Verkehr in einem spezifischen Themenfeld strukturieren. Menschenrechtsregime sind im 20. Jahrhundert auf globaler und regionaler Ebene entstanden.

Naturrecht: In der römischen Antike formulierte, im europäischen Mittelalter und in der frühen Neuzeit weiterentwickelte Lehre, nach der grundlegende Rechte und Pflichten in der Natur des Menschen oder der menschlichen Vernunft verankert sind und unabhängig von positiven Gesetzen Geltung beanspruchen können. Nach 1945 wurde es in Gegenbewegung zum Rechtspositivismus erneut rezipiert.

NGOs (Nichtregierungsorganisationen): Nichtstaatliche, auf freiwilliger Mitgliedschaft basierende Vereinigungen ohne kommerzielle oder parteipolitische Ziele, die bei internationalen Organisationen wie den Vereinten Nationen teilweise einen Konsultativstatus besitzen, beispielsweise Amnesty International oder Human Rights Watch.

Rechtspositivismus: Im 19. Jahrhundert entstandene Lehre, wonach die Legitimität von Gesetzen allein in ihrer Legalität, nicht aber in höheren Rechtsprinzipien, wie beispielsweise dem Naturrecht, begründet werden kann.

Relativismus: Vorstellung, dass moralische und rechtliche Normen von historischen und kulturellen Kontexten geprägt sind und daher nicht universal gültig sind (deskriptiver R.), sein können (metaethischer R.) oder sein sollen (ethischer R.).

Solidaritätsrechte (auch Rechte der Dritten Generation oder Dimension): Gruppe individueller und kollektiver Rechte, die wechselseitige Pflichten aller Völker und Staaten begründen, wie beispielsweise das Recht auf Entwicklung oder das Recht auf Frieden, die allerdings nicht völkervertragsrechtlich kodifiziert und im Menschenrechtsdiskurs umstritten sind.

Staatsbürgerrechte: Rechte, die Individuen nicht allein kraft ihres Menschseins, sondern kraft ihrer formalen Mitgliedschaft in einem Staatsverband genießen.

Teilhaberechte (auch status activus): Verfassungsrechtlich verankerte subjektive Rechte, die dem Individuum rechtliche und politische Partizipationsmöglichkeiten garantieren, wie beispielsweise das Wahlrecht.

Universalismus: Vorstellung, dass bestimmte normative Prinzipien, wie die Menschenrechte, unabhängig von historischen und kulturellen Kontexten allgemeine Geltung beanspruchen können.

Unteilbarkeit: Vorstellung, dass die verschiedenen Gruppen von Menschenrechten nicht gegeneinander ausgespielt werden können, sondern sich wechselseitig bedingen.

Völkerrecht (auch internationales öffentliches Recht): Rechtsnormen, die seit dem Westfälischen Frieden (1648) die Beziehungen zwischen souveränen Staaten regeln, seit dem 20. Jahrhundert aber auch Rechte und Pflichten nichtstaatlicher Akteure, etwa die Menschenrechte, umfassen.

Wirtschaftliche, soziale und kulturelle Rechte (auch Menschenrechte der Zweiten Generation oder Dimension): Gruppe von Teilhabe- und Anspruchsrechten, die dem Individuum Zugang zu wirtschaftlichen, sozialen und kulturellen Kollektivgütern garantieren. Sie sind völkerrechtlich kodifiziert in den Artikeln 22–27 der *Allgemeinen Erklärung der Menschenrechte* sowie im Sozialpakt (ICESCR).

Literatur

A. Textsammlungen, Nachschlagewerke und Dokumentation

Amnesty International, *Jahresberichte*, Frankfurt a.M. 1979–2005
  Dokumentation von Menschenrechtsverletzungen weltweit, mit Schwerpunkt auf Folter und Todesstrafe.
Condé, Victor (Hg.), *A Handbook of International Human Rights Terminology*, Lincoln/London 1999
  Ein gut organisiertes Nachschlagewerk mit prägnanten Definitionen und Erläuterungen völkerrechtlicher Begriffe im Bereich der Menschenrechte.
Heidelmeyer, Wolfgang (Hg.), *Die Menschenrechte: Erklärungen, Verfassungsartikel, internationale Abkommen*, mit einer umfassenden Einleitung, 4. Aufl., Paderborn/München/Wien 1997
  Eine Sammlung historischer Rechtskataloge, Menschenrechtserklärungen, europäischer und außereuropäischer Verfassungen sowie einiger internationaler Konventionen.
Henkin, Louis (Hg.), *The International Bill of Rights. The Covenant on Civil and Political Rights*, New York 1981
  Eine einschlägige Kommentierung des Zivilpakts von 1966 (ICCPR) mit Beiträgen namhafter Völkerrechtler.
Human Rights Watch, *World Reports*, New York 1990–2005
  Dokumentation von Menschenrechtsverletzungen weltweit, begleitet von Essays über jeweils aktuelle Probleme des Menschenrechtsschutzes.

Opitz, Peter J., *Menschenrechte und internationaler Menschenrechtsschutz im 20. Jahrhundert. Geschichte und Dokumente*, München 2002
   Eine Sammlung wichtiger Erklärungen und Konventionen internationaler Menschenrechte im englischen Originaltext, mit einer detaillierten und informativen Einführung sowie einer systematischen Bibliographie.
Schilling, Theodor, *Internationaler Menschenrechtsschutz – universelles und europäisches Recht*, Tübingen 2004
   Ein juristisches Lehrbuch, das umfassend und systematisch über die Rechtsprechung des Europäischen Gerichtshofs für Menschenrechte sowie des Menschenrechtsausschusses der Vereinten Nationen informiert.
Simma, Bruno/Fastenrath, Ulrich, *Menschenrechte – ihr internationaler Schutz*, 4., ern. u. erw. Aufl., Frankfurt a. M. 1998
   Eine Sammlung der wichtigsten universellen und regionalen Menschenrechtskonventionen in deutscher Sprache, begleitet von einer nach Sachgebieten geordneten und mit Quellenangaben versehenen vollständigen Übersicht über internationale Erklärungen und Konventionen zu den Menschenrechten.
Tomuschat, Christian (Hg.), *Menschenrechte. Eine Sammlung internationaler Dokumente zum Menschenrechtsschutz*, 2., erw. Aufl., Bonn 2002
   Eine umfangreiche Dokumentation der von den Vereinten Nationen geschaffenen menschenrechtlichen Instrumente.

B. Klassiker

Burke, Edmund, *Reflections on the Revolution in France and on the Proceedings in Certain Societies in London Relative to that Event*, London 1790 (dt. *Betrachtungen über die Revolution in Frankreich und das Betragen einiger Gesellschaften bei diesen Ereignissen*, Frankfurt a. M. 1967)
Hegel, Georg Wilhelm Friedrich, *Grundlinien der Philosophie des Rechts oder Naturrecht und Staatswissenschaft im Grundrisse*, Berlin 1821 (zitiert nach Frankfurt a. M. 1970)

Hobbes, Thomas, *Leviathan or The Matter, Forme, and Power of Common-Wealth Ecclesiastical and Civill*, London 1651 (dt. *Leviathan oder Stoff, Form und Gewalt eines kirchlichen und bürgerlichen Staates*, Frankfurt a. M. 1966)

Jellinek, Georg, *System der subjektiven, öffentlichen Rechte*, 2. Aufl. Tübingen 1905

Kant, Immanuel, *Werke* (Akademie-Textausgabe, Bandangaben in römischen Ziffern), Berlin 1968

Locke, John, *Two Treatises of Government*, London 1689 (dt. *Zwei Abhandlungen über die Regierung*, Frankfurt a. M. 1977)

Locke, John, *Epistola de Tolerantia*, Gouda 1689 (dt. *Ein Brief über Toleranz*, Hamburg 1957)

Marx, Karl/Engels, Friedrich, *Marx-Engels-Gesamtausgabe* (MEGA), Berlin 1968

Paine, Thomas, *Rights of Man: Being an Answer to Mr. Burke's Attack on the French Revolution*, London 1791 (dt. *Die Rechte des Menschen: Eine Antwort auf Herrn Burkes Angriffe auf die Französische Revolution*, Frankfurt a. M. 1973)

Pico della Mirandola, Giovanni, *De dignitate hominis*, Bologna 1496 (dt. *Über die Würde des Menschen*, Zürich 1988)

Rousseau, Jean-Jacques, *Du Contrat Social ou Principes du Droit Politique*, Amsterdam 1762 (dt. *Vom Gesellschaftsvertrag oder Grundsätze des Staatsrechts*, Stuttgart 1977)

C. Weiterführende Literatur

Abou, Selim, *Menschenrechte und Kulturen*, Bochum 1995

Abou El Fadl, Khaled (Hg.), *Islam and the Challenge of Democracy*, Princeton 2004

Alston, Philip (Hg.), *The EU and Human Rights*, Oxford 1999

An-Na'im, Abdullahi A., *Toward an Islamic Reformation. Civil Liberties, Human Rights, and International Law*, Syracuse 1990

Arendt, Hannah, *Elemente und Ursprünge totaler Herrschaft. Antisemitismus, Imperialismus, totale Herrschaft* [engl. Erstausg. 1951], München 1986

Baecque, Antoine/Schmale, Wolfgang/Vovelle, Michel (Hg.), *L'an 1 des droits de l'homme*, Paris 1988

Berkovitch, Nitza, *From Motherhood to Citizenship: Women's Rights and International Organizations*, Baltimore 1999

Bielefeldt, Heiner, *Philosophie der Menschenrechte. Grundlagen eines weltweiten Freiheitsethos*, Darmstadt 1998

Blickle, Peter, *Von der Leibeigenschaft zu den Menschenrechten. Eine Geschichte der Freiheit in Deutschland*, München 2003

Bobbio, Noberto, *Das Zeitalter der Menschenrechte. Ist Toleranz durchsetzbar?*, Berlin 1998

Bonacker, Thorsten, »Inklusion und Integration durch Menschenrechte. Zur Evolution der Weltgesellschaft«, *Zeitschrift für Rechtssoziologie* 24, 2003, Heft 2, S. 121–139.

Boyle, Elizabeth Heger/Preves, Sharon E., »National Politics as International Process: The Case of Anti-Female-Genital-Cutting Laws«, *Law and Society Review* 34, Jg. 2000, S. 703–737

Brieskorn, Norbert, *Menschenrechte. Eine historisch-philosophische Grundlegung*, Stuttgart/Berlin/Köln 1997

Brubaker, Rogers, *Staats-Bürger. Deutschland und Frankreich im historischen Vergleich* [engl. Erstausg. 1992], Hamburg 1994

Brugger, Winfried, *Grundrechte und Verfassungsgerichtsbarkeit in den Vereinigten Staaten von Amerika*, Tübingen 1987

Brugger, Winfried, *Menschenwürde, Menschenrechte, Grundrechte*, Baden-Baden 1997

Brunkhorst, Hauke/Köhler, Wolfgang R./Lutz-Bachmann, Matthias (Hg.), *Recht auf Menschenrechte. Menschenrechte, Demokratie und internationale Politik*, Frankfurt a.M. 1999

Buergenthal, Thomas, *International Human Rights in a Nutshell*. 2. Aufl., St. Paul 1995

Cranston, Maurice, *What are Human Rights?* London 1973

de Bary, Theodore, *Asian Values and Human Rights: A Confucian Communitarian Perspective*, Cambridge 1998

Donnelly, Jack, *Universal Human Rights in Theory and Practice*, Ithaca 1989

Donnelly, Jack, »Human Rights: A New Standard of Civilization?«, *International Affairs* 74, 1998, Heft 1, S. 1–24

Dunne, Tim/Wheeler, Nicholas J. (Hg.), *Human Rights in Global Politics*, Cambridge 1999

Durkheim, Emile, *Physik der Sitten und des Rechts. Vorlesungen zur Soziologie der Moral* [frz. Erstausg. 1950], Frankfurt a. M. 1991

Dworkin, Ronald, *Taking Rights Seriously*, Cambridge/MA. 1977

Eide, Asbjørn/Hagtvet, B. (Hg.), *Human Rights in Comparative Perspective*, Oxford 1992

Eisenstadt, Shmuel N., *Die Vielfalt der Moderne*, Weilerswist 2000

Elias, Norbert, *Die Gesellschaft der Individuen*, Frankfurt a. M. 1987

Falk, Richard, *Human Rights and State Sovereignty*, New York/London 1981

Falk, Richard, *Human Rights Horizons. The Pursuit of Justice in a Globalizing World*, London 2000

Finnis, John, *Natural Law and Natural Rights*, Oxford 1980

Foot, Rosemary, *Rights Beyond Borders: The Global Community and the Struggle over Human Rights in China*, Oxford 2000

Frotscher, Werner/Pieroth, Bodo, *Verfassungsgeschichte*, München 2003

Galtung, Johan, *Menschenrechte – anders gesehen*, Frankfurt a. M. 1994

Gauchet, Marcel, *Die Erklärung der Menschenrechte. Die Debatte um die bürgerlichen Freiheiten 1789* [frz. Erstausg. 1989], Reinbek 1991

Gewirth, Alan, *Human Rights: Essays on Justification and Applications*, Chicago und London 1982

Glendon, Mary Ann, *A World Made New: Eleanor Roosevelt and the Universal Declaration of Human Rights*, New York 2001

Gong, Gerrit W., *The Standard of Civilization in International Society*, Oxford 1984

Habermas, Jürgen, *Faktizität und Geltung. Beiträge zur Diskurstheorie des Rechts*, Frankfurt a. M. 1992

Habermas, Jürgen, *Die Einbeziehung des Anderen. Studien zur politischen Theorie*, Frankfurt a. M. 1996

Hafner, Felix, *Kirchen im Kontext der Grund- und Menschenrechte*, Freiburg 1992

Hart, H. L. A., »Are there natural rights?«, *The Philosophical Review* 64 1955, S. 175–191

Hartmann, Hauke, *Die Menschenrechtspolitik unter Präsident Carter. Moralische Ansprüche, strategische Interessen und der Fall El Salvador*, Frankfurt a. M./New York 2004

Haspel, Michael, *Friedensethik und humanitäre Intervention. Der Kosovo-Krieg als Herausforderung evangelischer Friedensethik*, Neukirchen-Vluyn 2002

Held, David 1996, *Democracy and Global Order. From the Modern State to Cosmopolitan Governance*, Cambridge 1996

Herskovits, Melville J., »Statement on Human Rights«, *American Anthropologist* 49, 1947, S. 539–543

Hertzke, Allen D., *Freeing God's Children. The Unlikely Alliance for Global Human Rights*, Lanham 2004

Herzka, Michael, *Die Menschenrechtsbewegung in der Weltgesellschaft*, Berlin 1995

Höffe, Otfried, *Vernunft und Recht. Bausteine zu einem interkulturellen Rechtsdiskurs*, Frankfurt a. M. 1996

Honneth, Axel (Hg.), *Kommunitarismus. Eine Debatte über die moralischen Grundlagen moderner Gesellschaften*, Frankfurt a. M./ New York 1993

Hsiung, James C. (Hg.), *Human Rights in East Asia. A Cultural Perspective*, New York 1985

Ignatieff, Michael, *Die Politik der Menschenrechte* [engl. Erstausg. 2001], Hamburg 2002

Joas, Hans, *Die Entstehung der Werte*, Frankfurt a. M. 1997

Joas, Hans, *Die Sakralität der Person*, i. E.

Kennedy, David, *The Dark Side of Virtus. Reassessing International Humanitarianism*, Princeton 2004

Kimminich, Otto/Hobe, Stephan, *Einführung in das Völkerrecht*, 7. Aufl., Tübingen/Basel 2000

Kleinheyer, Gerd, »Grundrechte: Menschen- und Bürgerrechte, Volksrechte«, in: *Geschichtliche Grundbegriffe. Historisches Lexikon zur politisch-sozialen Sprache in Deutschland*, Band 2, Stuttgart 1975, S. 1047–1082

Koenig, Matthias, *Menschenrechte bei Durkheim und Weber. Normative Dimensionen des soziologischen Diskurses der Moderne*, Frankfurt a. M./New York 2002

Koenig, Matthias, »Weltgesellschaft, Menschenrechte und der Formwandel des Nationalstaats«, *Zeitschrift für Soziologie*, Sonderheft Weltgesellschaft, Jg. 2005 (i. E.)

König, Siegfried, *Zur Begründung der Menschenrechte: Hobbes –*

Locke – Kant (Alber-Reihe Praktische Philosophie; Bd. 48), Freiburg/München 1994

Korey, Willian, *NGO's and the Universal Declaration of Human Rights*, New York 1998

Krämer, Gudrun, *Gottes Staat als Republik. Reflexionen zeitgenössischer Muslime zu Islam, Menschenrechte und Demokratie*, Baden-Baden 1999

Kühnhardt, Ludger, *Die Universalität der Menschenrechte*, 2., überarb. und erw. Aufl., Bonn 1991

Lauren, Paul Gordon, *The Evolution of Human Rights: Visions Seen*, Philadephia 2003

Lauterpächt, Hersch, *International Law and Human Rights*, London 1950

Lefort, Claude, *The Political Forms of Modern Society. Bureaucracy, Democracy, Totalitarianism*, Cambridge 1986

Lerch, Marika, *Menschenrechte und europäische Außenpolitik. Eine konstruktivistische Analyse*, Opladen 2004

Luhmann, Niklas, *Das Recht der Gesellschaft*, Frankfurt a. M. 1993

MacIntyre, Alisdair, After Virtue. *A Study in Moral Theory*, Notre Dame 1981

Maritain, Jacques, *Die Menschenrechte und das natürliche Gesetz* [frz. Erstausg. 1942], Bonn 1951

Marshall, Thomas H., *Bürgerrechte und soziale Klassen. Zur Soziologie des Wohlfahrtsstaats* [engl. Erstausg. 1964], Frankfurt a. M./New York 1992

Mayer, Ann E., *Islam and Human Rights. Tradition and Politics*, Boulder 1991

McNeely, Connie (Hg.), *Public Rights, Public Rules: Constituting Citizens in the World Polity and National Policy*, New York 1998

Merkel, Reinhard, *Der Kosovo-Krieg und das Völkerrecht*, Frankfurt a. M. 2000

Meron, Theodor, *Human Rights Law-Making in the United Nations. A Critique of Instruments and Process*, Oxford 1986

Meron, Theodor, *Human Rights and Humanitarian Norms as Customary Law*, New York 1989

Morsink, Johannes, *The Universal Declaration of Human Rights. Origins, Drafting, and Intent*, Philadelphia 1999

Oestreich, Gerhard, *Geschichte der Menschenrechte und Grundfreiheiten im Umriss*, Berlin 1968

Parsons, Talcott, *Sociological Theory and Modern Society*, New York 1967

Pollis, Adamantia/Schwab, Peter, *Human Rights: Cultural and Ideological Perspectives*, New York 1979

Rawls, John, *Theorie der Gerechtigkeit* [engl. Erstausg. 1971], Frankfurt a. M. 1975

Rawls, John, *Das Recht der Völker* [engl. Erstausg. 1999], Berlin/New York 2002

Reinhard, Wolfgang, *Geschichte der Staatsgewalt. Eine vergleichende Verfassungsgeschichte Europas von den Anfängen bis zur Gegenwart*, München 1999

Renteln, Alison Dundes, *International Human Rights. Universalism versus Relativism*, London 1990

Riedel, Eibe, *Die Universalität der Menschenrechte. Philosophische Grundlagen – nationale Gewährleistungen – internationale Garantien*, Berlin 2003

Risse, Thomas/Ropp, Stephen C./Sikkink, Kathryn, *The Power of Human Rights. International Norms and Domestic Change*, Cambridge 1999

Risse, Thomas/Jetschke, Anja/Schmitz, Hans Peter, *Die Macht der Menschenrechte. Internationale Normen, kommunikatives Handeln und politischer Wandel in den Ländern des Südens*, Baden-Baden 2002

Schaber, Thomas, *Internationale Verrechtlichung der Menschenrechte: eine reflexive institutionentheoretische Analyse des Menschenrechtsregimes der Vereinten Nationen*, Baden-Baden 1996

Schnur, Roman (Hg.), *Zur Geschichte der Erklärung der Menschenrechte*, Darmstadt 1974

Shaw, Malcolm N., *International Law*, 5. Aufl., Cambridge 2003

Shue, Henry, *Basic Rights: Subsistence, Affluence, and U.S. Foreign Policy*, Princeton 1980

Shute, Stephen/Hurley, Susan (Hg.), *Die Idee der Menschenrechte*, Frankfurt a. M. 1996

Siehr, Angelika, *Die Deutschenrechte des Grundgesetzes. Bürgerrechte im Spannungsfeld von Menschenrechtsidee und Staatsmitgliedschaft*, Berlin 2001

Sikkink, Kathryn, *Mixed Signals. U.S. Human Rights Policy and Latin America*, Ithaca/London 2004

Smith, Jackie, »Transnational Political Processes and the Human Rights Movement«, *Research in Social Movements, Conflict and Change*, 18, 1996, S. 185–220

Sohn, Louis B., *The Human Rights Movement: From Roosevelt's Four Freedoms to the Interdependence of Peace, Development and Human Rights*, Harvard 1995

Somers, Margaret, »Citizenship and the Place of the Place of the Public Sphere: Law, Community and Political Culture in the Transition to Democracy«, *American Sociological Review* 58, Jg. 1993, Heft 5, S. 587–620

de Sousa Santos, Boaventura, »Toward a multicultural conception of human rights«, *Zeitschrift für Rechtssoziologie* 18, Jg. 1997, S. 1–15

Soysal, Yasemin N., *Limits of Citizenship. Migrants and Postnational Membership in Europe*, Chicago 1994

Symonides, Janusz (Hg.), *Human Rights: New Dimensions and Challenges*, Aldershot 1998

Tilly, Charles, *Coercion, Capital and European States, AD 990–1992*, Cambridge, Mass. 1990

Tomuschat, Christian, *Human Rights. Between Idealism and Realism*, Oxford 2004

Vasak, Karel/Alston, Philipp (Hg.), *The International Dimension of Human Rights*, 2 Bde., Westport 1982

Vincent, Raymond J., *Human Rights and International Relations*, Cambridge 1986

Voß, Silke, *Parlamentarische Menschenrechtspolitik. Die Behandlung internationaler Menschenrechtsfragen im Deutschen Bundestag unter besonderer Berücksichtigung des Unterausschusses für Menschenrechte und humanitäre Hilfe (1972–1998)*, Düsseldorf 2000

Weber, Max, *Wirtschaft und Gesellschaft* [dt. Erstausg. 1921], 5. Aufl., Tübingen 1980

D. Internetadressen

www.amnesty.org
  (amnesty international)
www.institut-fuer-menschenrechte.de
  (Deutsches Institut für Menschenrechte)
www.coe.int
  (Europarat)
www.echr.coe.int
  (Europäischer Gerichtshof für Menschenrechte)
www.hrw.org
  (Human Rights Watch)
www.icc-cpi.in
  (Internationaler Strafgerichtshof)
www.ilo.org
  (Internationale Arbeitsorganisation)
www.oas.org
  (Organisation Amerikanischer Staaten)
www.africa-union.org
  (Afrikanische Union)
www.un.org
  (Vereinte Nationen)
www.unesco.org
  (Organisation der Vereinten Nationen für Erziehung, Wissenschaft und Kultur)
www.unhcr.ch
  (UN Hochkommissar für Flüchtlinge)
www.unhchr.ch
  (UN Hochkommissar für Menschenrechte)